はしがき

― 身近な商売の経理ないし商業簿記・会計の原理を学ぼうとする人へ ―

本書は、公益社団法人全国経理教育協会（いわゆる全経）・簿記能力検定試験（後援／文部科学省・日本簿記学会）３級商業簿記の『公式テキスト』である。

全経では、企業を取り巻く近年の経済・経営環境の変化に対応すべく、経営管理の基礎となる簿記ならびに会計の見直し作業を行ってきた。その結果は、令和６年度より実施されることになった「簿記能力検定試験出題範囲」表に掲載されている。

主な変更点を述べると、経理業務のコンピューター化・決済の電子化が進んだ現代を鑑み、伝票がすべての級から外され、利用頻度が低下している手形の処理が３級から外された。これらは、現代の商業簿記に携わることができる能力を保証する同検定の意義に基づくものである。

なお、全経には「団体試験制度」があり、大学や高校、専門学校など教育機関で受験希望者を一定数集められると、その機関での受験が可能になる。詳しくは、全経事務局（03-3918-6133）に問い合わせて欲しいが、文部科学省の後援を受けているので、大学の授業、ゼミ等でも採用可能である。

また、採点作業、答案保管などができない場合の相談も受け付けている。

本テキストの学習により、３級商業簿記を超えて簿記会計の更なる高みへの学習へ発展されることを望んでいる。

なお、本テキストには『公式問題集』が別に刊行されている。併せて利用され、合格証書を手にされることを祈っている。

令和６年２月

一橋大学名誉教授・商学博士
新田　忠誓

ネットスクール株式会社
桑原　知之

公益社団法人 全国経理教育協会 主催　　文部科学省・日本簿記学会 後援

簿記能力検定試験受験要項

試験日　年4回（5月、7月、11月、2月）実施
※5月と11月は上級を除きます。

受験資格　男女の別，年齢，学歴，国籍等の制限なく誰でも受けられます。

受験料（税込）

上級		7,800円	2級 商業簿記	2,200円
1級	商業簿記・財務会計	2,600円	2級 工業簿記	2,200円
	原価計算・管理会計	2,600円	3級 商業簿記	2,000円
			基礎簿記会計	1,600円

試験会場　本協会加盟校　※試験会場の多くは専門学校となります。

申込方法　協会ホームページの申込サイト（https://app.zenkei.or.jp/）にアクセスし，メールアドレスを登録してください。マイページにログインするためのＩＤとパスワードが発行されます。
上級受験者は，試験当日，顔写真付の「身分証明書」が必要です。
マイページの検定実施一覧から検定試験の申し込みを行ってください。２つの級を受けることもできます。
申し込み後，コンビニ・ペイジー・ネットバンキング・クレジットカード・キャリア決済・プリペイドのいずれかの方法で受験料をお支払ください。受験票をマイページから印刷し試験当日に持参してください。試験実施日の２週間前から印刷が可能です。

試験時間　試験時間は試験規則第５条を適用します。開始時間は受験票に記載します。

合格発表　試験日から１週間以内にインターネット上のマイページで閲覧できます。ただし，上級については２か月以内とします。※試験会場の学生，生徒の場合，各受付校で発表します。

［受験者への注意］
1．申し込み後の変更，取り消し，返金はできませんのでご注意ください。
2．上級受験者で，「商簿・財務」の科目を受験しなかった場合は「原計・管理」の科目を受験できません。
3．受験者は，試験開始時間の10分前までに入り，受験票を指定の番号席に置き着席してください。
4．解答用紙の記入にあたっては，黒鉛筆または黒シャープペンを使用してください。
簿記上，本来赤で記入する箇所も黒で記入してください。
5．計算用具（計算機能のみの電卓またはそろばん）を持参してください。
6．試験は，本協会の規定する方法によって行います。
7．試験会場では試験担当者の指示に従ってください。

この検定についての詳細は，本協会又はお近くの本協会加盟校にお尋ねください。

検定や受付校の詳しい最新情報は、
全経ホームページでご覧ください。
「全経」で検索してください。
http://www.zenkei.or.jp/

郵便番号　１７０－０００４
東京都豊島区北大塚１丁目13番12号
公益社団法人　全国経理教育協会
ＴＥＬ　０３（３９１８）６１３３
ＦＡＸ　０３（３９１８）６１９６

基礎簿記会計・3級商業簿記

1．会計基準及び法令は毎年4月1日現在施行されているものに準拠する。

基礎簿記会計	3級商業簿記
簿記会計学の基本的素養が必要な営利・非営利組織	小規模株式会社
1　簿記の基本構造	
1．基礎概念（営利）	
a．資産，負債，純資産	
b．収益，費用	
c．損益計算書と貸借対照表との関係	
2．取引	
a．取引の意義	
b．取引の種類	
c．取引の構成要素（8要素）	
3．勘定	
a．勘定の分類	
b．勘定記入の原則	評価勘定
c．仕訳と転記	
d．貸借平均の原理	
4．帳簿	
a．主要簿	
仕訳帳	
（現金出納帳）	
総勘定元帳	
b．補助簿	
（次の**2諸取引の処理**参照）	
	5．証ひょう
2　諸取引の処理	
1．現金預金	
a．通貨	通貨代用証券
現金出納帳	
	b．現金過不足
	c．小口現金
	小口現金出納帳
d．普通預金	
	e．当座預金
	当座預金出納帳
	i．定期預金（一年以内）
3．売掛金と買掛金	
a．売掛金，買掛金	売掛金（得意先）元帳，買掛金（仕入先）元帳
4．その他の債権と債務等	
a．貸付金，借入金	
	b．未収（入）金，未払金
	c．前払金（前渡金），前受金（予約販売を含む）
	d．立替金，預り金
	e．仮払金，仮受金
	5．有価証券
	a．有価証券の売買
	6．貸倒れと貸倒引当金
	a．貸倒れの処理
	b．差額補充法

基礎簿記会計	3級商業簿記
簿記会計学の基本的素養が必要な営利・非営利組織	小規模株式会社
7．商品	
a．分記法	
	b．売上原価対立法（個別／月次）
	c．三分法
	返品
	売上帳・仕入帳
	e．払出原価の計算
	先入先出法
	商品有高帳
9．固定資産	
a．有形固定資産の取得	
	固定資産台帳
	e．減価償却
	定額法
	記帳法・直接法
13．純資産（資本）	
a．資本金	
b．引出金	
14．収益と費用	
商品販売益，家賃収入，サービス収入など，受取利息	売上，雑益など
給料，広告費，水道光熱費，発送費，旅費，交通費，通信費，消耗品費，修繕費，支払家賃，支払地代，保険料，雑費，支払利息	仕入，交際費，支払手数料，租税公課，雑損など
	15．税金
	a．所得税
	b．固定資産税
	c．消費税（税抜方式）
	3　株式会社
	1．資本金
	a．設立
	3．利益剰余金
	b．その他利益剰余金
	繰越利益剰余金
6　決算	
1．試算表	
	2．決算整理
	商品棚卸，減価償却，貸倒見積，現金過不足，営業費用の繰延と見越
3．精算表	
6欄（桁）精算表	8欄（桁）精算表
4．収益と費用の損益勘定への振替	
5．純損益の資本金勘定への振替	繰越利益剰余金勘定への振替
6．帳簿の締切り	
英米式	
繰越試算表	
7．財務諸表	
a．損益計算書と貸借対照表	
勘定式・無区分	
7　その他の組織形態の会計	
5．非営利団体	
a．収入，支出	
b．現金出納帳	
c．元帳	
d．試算表	
e．会計報告書	

CONTENTS

基礎簿記会計

標準的な勘定科目の例示は、次のとおりである。

資産勘定	現金	普通預金	売掛金	商品	貸付金	建物
車両運搬具	備品	土地	負債勘定	買掛金	借入金	純資産（資本）勘定
資本金	収益勘定	○○収入	商品販売益	役務収益	受取利息	費用勘定
給料	広告費	発送費	旅費	交通費	通信費	水道光熱費
消耗品費	修繕費	支払家賃	支払地代	保険料	雑費	支払利息
その他の勘定	損益	引出金				

3級 商業簿記

標準的な勘定科目の例示は、次のとおりである。なお、基礎簿記会計に示したもの以外を例示する。

資産勘定	小口現金	当座預金	定期預金	有価証券	繰越商品	消耗品
前払金	支払手付金	前払家賃	前払地代	前払保険料	従業員貸付金	立替金
従業員立替金	未収金	仮払金	仮払消費税	負債勘定	未払金	未払税金
未払給料	未払広告費	未払家賃	未払地代	前受金	受取手付金	預り金
従業員預り金	所得税預り金	社会保険料預り金	仮受金	仮受消費税	純資産（資本）勘定	繰越利益剰余金
収益勘定	売上	有価証券売却益	雑益	雑収入	費用勘定	売上原価
仕入	貸倒引当金繰入(額)	貸倒損失	減価償却費	交際費	支払手数料	租税公課
有価証券売却損	雑損	その他の勘定	現金過不足	貸倒引当金		

Chapter 1

身のまわりの簿記

簿記を学ぶコツ

さあ、これからみなさんは、株式会社が行う簿記を勉強していきます。

簿記は「簿記の世界を学ぶ」などと考えるのではなく、自分自身のごく日常のものとして捉えたほうがはるかにわかりやすくなります。

人は、なにがしかの財産（簿記でいう資産）を持ち、働くことによって給料などという形で収入（簿記でいう収益）を得、家賃や食費や交通費といった費用（簿記でも費用です）を支払い、時にはローンなどを組んで負債（簿記でも負債です）を負ったりします。これと同じことなのです。これと同じことを会社がやっていて、それを記録していく、簿記とはただそれだけのことなのです。

ですから、このChapterでは、まず自分の身のまわりのこととして簿記を捉えましょう。

この捉え方が簿記の学習を簡単にし、さらにはビジネス上で簿記を活かす発想にも繋がるのです（簿記の世界のお話、として学んだのでは活かすのが難しいです）。

では、はじめていきましょう！

簿記の自己紹介

重要度レベル ★☆☆☆☆

はじめに

これから「簿記（bookkeeping)」との新しい出会いがはじまります。
情報化された現代において、数字が何を意味しているかはとても重要な情報なので、簿記はみなさんだけでなく、同じ時代に生きるすべての人に必要だといっていい知識です。
では最初に、簿記さんにインタビューしてみましょう。

1 あなたはなぜ簿記というのですか？

私がなぜ『簿記』と名づけられたのかは、生まれたときの話なのであまり定かではないのですが、「**帳簿記入**」の中の文字２つをとって名づけられたという話や、英語で簿記を意味する「**bookkeeping**」がなまったものだという話を聞いています。

いずれにしても、名は体を表すで「帳簿に記録すること」が私の役目です。

2 どうして帳簿に記録しないといけないのですか？

記録する理由には、⑴**内部的な理由**と⑵**外部的な理由**の２つがあります。

⑴内部的な理由

「おこづかい帳」や「家計簿」と同じで、記録を残しておかないと、ムダ使いしてもわからなくなってしまうでしょう。

会社（お店）も同じで「どんな活動のためにいくら使ったのか」をはっきりさせておかないと、「それでよかったのか？」も考えられないし、ましてや「将来どうすればいいんだろうか？」もわからないですよね。だから**記録を残しておかないといけない**んです。

⑵外部的な理由

それから、現実的な問題として「**税金**」があります。

会社は法人税などを支払わなければならないのですが、これらは利益に対して支払うものなので、最低でも年に１回は利益の額を確定しなければなりません。そのためには「**何をしていくら儲けたのか（経営成績）**」を明らかにしないと、税金を払いすぎたり、逆に少なすぎて脱税になってしまったりと問題が起こるのです。

また、会社が銀行からお金を借りようとするときには、銀行は「**何をいくら持っていますか（財政状態）**」と聞いてきます。そのときに答えられるようにしておく必要もあります。

いずれにしても、日々の活動を記録しておかないと、こういったときに困ってしまうことになるのです。

3 簿記って、おこづかい帳と同じなのですか？

確かに、おこづかい帳も簿記のうちですが、おこづかい帳は現金の収支が中心だし、特に決まったルールがないですよね[01]。

これからみなさんが学ぶ簿記は『複式簿記』という簿記です。現金の収支を伴わないいろいろな活動も記録でき、**記帳するには一定のルールがあります**。この共通のルールを知らないと「人によって記帳が違う！」などとなり集計が難しくなってしまいますからね。

01）これを単式簿記といいます。

4 ところで、簿記って、いつごろできたのですか？

複式簿記は14世紀にイタリアの商人が考案したようなのですが、本になったのは1494年で、イタリアの数学者ルカ・パチョーリという人が著書の中で詳しく述べています。

その後、日本に紹介したのは福沢諭吉さんで、1874年に『帳合之法（ちょうあいのほう）』という本が出版されて、一般に広まったのです[01]。

01）『帳合之法』が出版された2月10日を「簿記の日」としています。

5 簿記が職業につながるって、本当なのですか？

職業会計人と呼ばれる人たちがいて、その中には財務や税務を通じて中小企業を支える税理士や、会計情報が適正であるかを調べて意見を表明する公認会計士がいます。

また、そういった資格の取得までには至らなくても、高いレベルの簿記知識を習得することで、経理担当として活躍することも可能となりますし、経理以外の一般のビジネス上でも有用、というよりもむしろ必要不可欠な知識になります[01]。

01）会計担当者は重要な役割と責任をもつことになります。

それではインタビューはこれくらいにして、簿記さんにご自身について語ってもらいましょう。

6 簿記の基礎的条件

私（簿記）が活動するには、前提として次の**3つの基礎的条件**が必要です。

(1)会社を1つの会計単位として記録すること

会社を、社長（経営者）とは別の独立した存在（1つの会計単位）として、その取引を記録する。

(2)会社が、継続して存在し続けると仮定して記録・計算すること

継続すると考えるから、いろいろな記録が意味を持ちます[01]。

(3)会社の活動を、すべて貨幣単位[02]で表して記録・計算すること

お金で考えられないものは、記録できません[03]。

この3つの条件が満たされて、私（簿記）が存在するのです。

01）極端な話ですが、1日だけの営業なら、現金の増減だけ把握すれば十分でしょう。
02）日本では円単位になります。
03）会社の経営資源としてヒト・モノ・カネがありますが、ヒトの存在はお金で考えられないので簿記上扱うことはありません。

自分貸借対照表を作ろう！

（たいしゃくたいしょうひょう）

重要度レベル ★★★☆☆

はじめに

「簿記」などというと、何か特別なことでもするかのように思ってしまう方が多くいらっしゃいます。
しかし、そんなことはありません。身近なものに置き換え、簿記の視点から日常の生活をとらえてみましょう。そこにはいろいろな発見があり、また、それらはとても役に立つものばかりです。
さあ、少しずつ簿記を学んでいきましょう。

1 持っているものが資産

「**あなたは、何を持っていますか？**」と聞かれると、みなさんはカバンや財布の中の現金を思い浮かべるのではないでしょうか[01)]。

しかし、それだけですか？

ポケットやかばんに携帯電話が入っている人もいるでしょうし、筆箱にはシャープペンシルや消しゴムが入っているでしょう。また通学用に、自転車を持っている人もいるでしょう。

01) 書店での立読み中で「この本を持っている」という方もいらっしゃるかもしれませんね。それはまだあなたの資産ではありませんよ。お金を払って買ったら、あなたの資産になります。

現金はそのまま使えるし、預金なら利息が付きます。また、土地などは住んでもよいし売ってもよいので、持っていてプラスになりますね。このようなものが資産です。

これらのすべてが、あなたの『資産』ということになります。

つまり、「**持っていてプラスになるもの**」、これが資産なのです。

また、資産の多くは、「以前に買ったもの」でしょうから、**金額をつけることができる**でしょう。

では、みなさん、ここに「自分が持っているもの」を書き出してみましょう[02)]。

現　金	円	預　金	円	衣　類	円
アクセサリー	円	パソコン	円	ソフト	円
バイク・車	円	フィギュア	円	その他	円

02) 持っていないものは0円とし、また、もらったものは適当に金額をつけてみてください。

この金額を合計してみましょう。これがみなさんの資産の合計額です。

2 持っていても資産でないもの

「あなたはどんな財産を持っていますか？」と聞かれて、家族とか恋人、親友などと思われた方はいらっしゃいませんか？　結構、ロマンティックな方ですね。また、免許とか資格をイメージされた方もいらっしゃることでしょう。

確かに、これらはかけがえのない大切なもので「持っていてプラスになるもの」ではありますが、**売却することも金額をつけることもできません**。ですから、これは『資産』にはなりません。

3 資産の具体例

簿記上の資産として、次のようなものがあげられます[01]。

資産の例

- 現　　金：所有している金銭や他者振出しの小切手など
- 預　　金：普通預金・当座預金・定期預金など
- 売 掛 金：商品を掛け[02]で販売した場合に生じる債権
- 商　　品：お客さんに販売するための品物
- 未 収 金：商品以外[03]を売却した場合に生じる債権
- 貸 付 金：他人に金銭を貸した場合に生じる債権
- 備　　品：コピー機・ファックス・電話器・パソコン・事務机など
- 車両運搬具：営業用トラック・車など
- 土　　地：会社の敷地など
- 建　　物：会社の事務所・倉庫など

01) 例にあがっているものを勘定科目といい、簿記上の計算を行う単位になります(Chapter 2 Section 1 2 参照)。

02) 商品を先に渡して、代金を後日受け取る形式の取引を「掛け」といいます。

03) 使っていたパソコンの売却など。

これらの勘定科目は、学習が進むと自然に覚えてしまいます。この段階で暗記したりする必要はありません。

4 返さなければならないのが負債

「**あなたが返さなければならないもの**[01]」には、どんなものがありますか？

クレジットカードでキャッシングしたお金や、学費として借りた奨学金[02]をまだ返していない、親に借金がある、という方もいらっしゃることでしょう。

01) つまり借りているもの、これから支払わなければならないもののことです。

02) なお、奨学金には返済を要しないものもありますが、そのような奨学金は負債には該当しません。

これらのように「**これから支払わなければならないもの**」が『負債[03]』ということになります。金額は、みなさん自身がおわかりでしょう。

では、ここに「自分が返さなければならないもの」を書き出してみましょう。

借　金　　　円	カードローン　　円	奨学金　　　円
住宅ローン　　円	自動車ローン　　円	その他　　　円

この金額を合計してみましょう。これがみなさんの負債[04]の合計額です。

03）負債は債務ともいわれ、「いつ、誰に、いくら支払うのかが決まっているもの」でもあります。

04）返さなければならないものというと「親への恩」などと思われた方もいらっしゃるかもしれませんが、これらは"いつ""いくら"と決まっているものではないので、負債とはなりません。

5 負債の具体例

簿記上の負債として、次のようなものがあげられます。

負債の例

- 買掛金（かいかけきん）：掛け（ツケ）で商品を購入した場合に生じる債務
- 未払金（みばらいきん）：商品以外（備品など）を購入した場合に生じる債務
- 借入金（かりいれきん）：他人から金銭を借り入れた場合に生じる債務

6 自由に使えるものが純資産（資本）

では、「**自由に使えるお金はいくらありますか？**」と聞かれたとすると、どのように考えるでしょうか。

持っているパソコンや自転車などの資産は、売れば自由に使えるお金になりますが、逆に奨学金や借金などがある場合は、その負債を返さなければなりません。

つまり、**資産が 1,000 万円あったとしても、負債が 700 万円あれば、自由に使えるお金は 300 万円**ということになります。

この、**資産と負債の差額**の 300 万円が『純資産（じゅんしさん）（資本（しほん））』となります。純資産は「**自分が自由に使える元手（もとで）**」のことです。

資　産 − 負　債 ＝ 純資産（資　本）

これらの、**資産と負債・純資産（資本）を一覧する表**を「貸借対照表」といいます。

6 費用で元手が減る

資産から負債を差し引いたものが純資産（資本）、つまり元手であり、自由に使うことができる部分でもありました。

たとえば、交通費を使って、どこかへ出かけたとしましょう。自由に使える元手を使ったのですから、（元手である）純資産（資本）が減少したことになります。つまり、『費用』は元手である「純資産（資本）を減少させる要因」ということになるのです。

7 費用のホームポジションは左側

費用は純資産（資本）の減少要因なので、**純資産（資本）のホームポジションとは反対側（左側）がホームポジション**となり、左側で増加**（発生）**することになります。

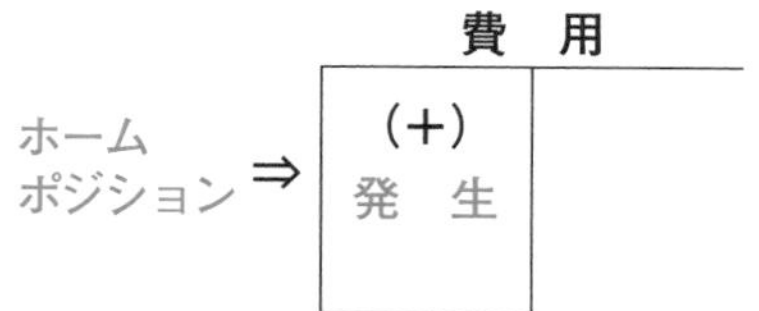

8 費用となるもの

費用には、「給料[01]」「広告費」「交通費」「水道光熱費」「支払利息」などといったものがあげられます。

費用の例

給　料：従業員に支払う給料
広告費：テレビ、ラジオのコマーシャルやバナー広告などの支出
交通費：定期代・タクシー代など
水道光熱費：水道料・電気代・ガス代など
支払家賃：ビルのテナントに入っている場合などに支払う家賃
支払地代：他人から土地を借りている場合に支払う代金
支払利息：他人から金銭を借りた場合に支払う利息

01)「給料」は、受け取る従業員にとっては収益といったイメージですが、会社にとっては「払ったら返ってこないもの＝費用」となります。

費用になる項目はたいてい「○○費」という具合に、費用であることがわかりやすいものが多いのです。

9 儲けたものが純資産（資本）に

「**今月は黒字だったのだろうか。それとも赤字だったのだろうか？**」ということは誰しも気になるところです。このようなとき、みなさんは給料、アルバイト代といった「もらったら返さなくてよいもの」から、交通費や食費といった「払ったら返ってこないもの」を差し引いて考えるのではないでしょうか？

そうです。**収益から費用を差し引いたものが“儲（もう）け”**、つまり簿記でいう「**利益**」なのです。そして、利益は元手、つまり純資産（資本）となります。

収　益 － 費　用 ＝ 利　益 ← 純資産（資本）の一部

このように、収益と費用の関係から利益を示す表を「損益計算書」といい、P／L（Profit and Loss statement）と略されます。

本当の儲けは700万円じゃないんですよ。700万円の収益を得るために500万円の費用を使っているからなんです。

10 自分損益計算書を作ろう

元手（純資産）の増加要因である「収益」を右側に、減少要因である「費用」を左側に書いてみましょう。そして、差額が「収益＞費用」なら利益[01]、逆に「収益＜費用」なら損失[02]としましょう。これで自分損益計算書の出来上がりです。

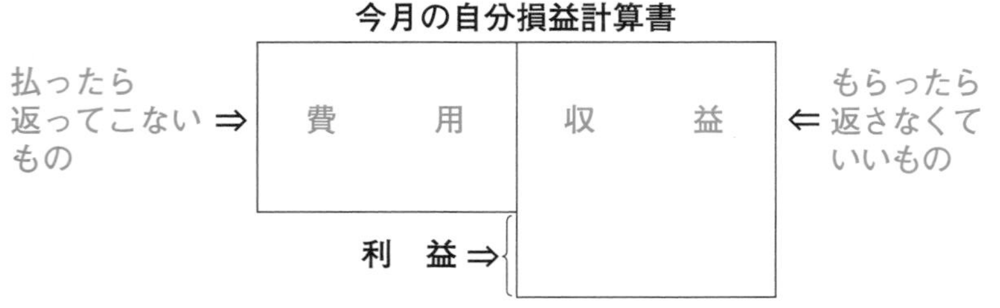

みなさんの損益計算書はどんな損益計算書になりましたか？

ちゃんと利益は出ましたか？ 利益が出たら、その分だけ**自由に使える元手、つまり純資産**（資本）が増えていたことにお気づきでしょう。また、損失は今月だけならよいのですが、長く続くと破産してしまうので気をつけましょう。

01) 利益は自分の元手の正味の増加です。

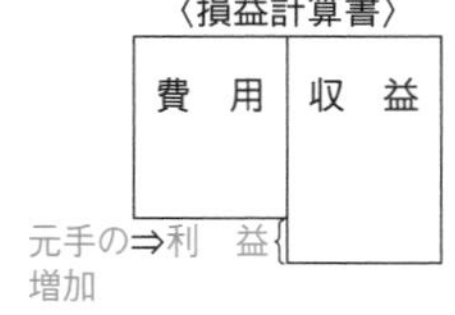

02) 損失は元手の正味の減少を意味しています。

11 損益計算書は一定期間における"儲け"の明細書

「あなたは、いくら儲けましたか？」と聞かれたなら、今のみなさんは、単純にもらった給料の金額ではなく、そこから交通費、食費などの費用を差し引いた金額のことだと考えることができるでしょう。

損益計算書は「一定期間の会社の儲け[01]を示したもの」であり、それは「**いくら儲けましたか？」という問いかけに対する答え**でもあるのです。

01）これを「経営成績」といいます。

12 損益計算書の特徴

損益計算書には「○月○日から×月×日まで[01]」という期間が設定され、その期間に発生した**収益を右側**に、**費用を左側**に記入します。そして、その差額が、その期間の利益または損失となります。

01）損益を計算する期間を会計期間といい、通常１年間が用いられます。

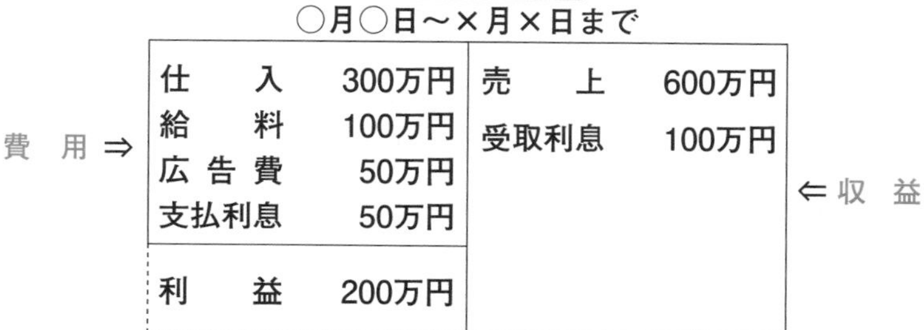

損益計算書
○月○日～×月×日まで

仕入	300万円	売上	600万円
給料	100万円	受取利息	100万円
広告費	50万円		
支払利息	50万円		
利益	200万円		

Section 2 のまとめ

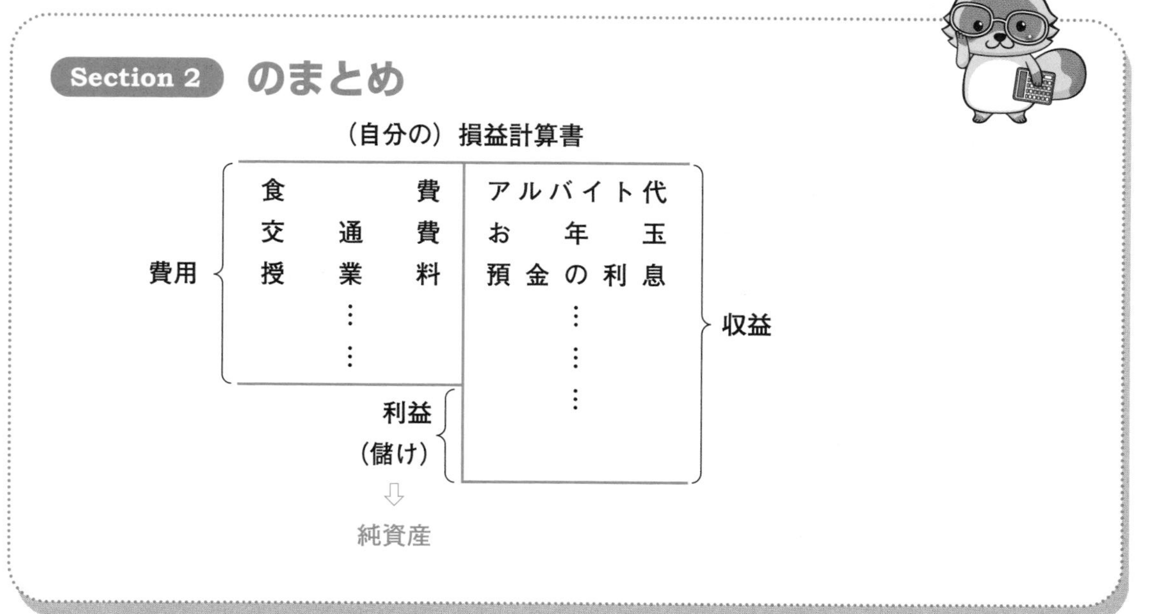

貸借対照表と損益計算書

重要度レベル ★★★★★

はじめに

一定の時点の財産の状態を示す貸借対照表と、一定の期間の儲けを示す損益計算書のそれぞれの構造はイメージできたことと思います。
それではこの貸借対照表と損益計算書は、どのような関係を持っているのでしょうか。

1 今日１日の貸借対照表と損益計算書

今日１日を会計期間として、**貸借対照表と損益計算書を作ってみましょう**。今朝、あなたは現金で ¥1,000 を持っていたものとしましょう。その現金を元手に１日の活動を始めます。

「朝」という字は「十日十月⇒十月十日」と書きます。つまり人が生まれてくるまでの時間を示しています。人は皆、毎朝生まれ変わっているのです。新しい気持ちで今日１日を迎えましょう。

まず、¥200 の交通費を使ってアルバイトに行き、昼食に ¥600 の弁当を食べました。そうして、アルバイトが終わりアルバイト代の ¥5,000 をもらって、夕食に ¥1,000、帰りの交通費 ¥200 を使って１日を終えたときには現金が ¥4,000 残っていたとしましょう。

この１日の動きを、貸借対照表と損益計算書に表してみたいと思います。

⑴朝の貸借対照表

貸借対照表は一定時点ごとに作成されます。したがって、朝の時点で作成することができます。すると、資産として現金 ¥1,000、資本金[01] として ¥1,000 というシンプルな貸借対照表が出来上がります。

01) 純資産（資本）は、資産や負債と同じく分類する上での名称です。「自由に使える元手」を、具体的には資本金といいます。

朝の貸借対照表

資　産	負　債
現金　¥1,000	¥0
	純資産（資本）
	資本金[01] ¥1,000

⑵今日の損益計算書

損益計算書は一定期間ごとに作成されます。したがって、今日１日という期間で作成することができます。すると、収益としてアルバイト代 ¥5,000、費用として交通費 ¥400[02]、食費 ¥1,600[03]、結果として利益 ¥3,000 という損益計算書が出来上がります。

02) 往復の交通費です。
03) 昼食と夕食の合計です。

今日の損益計算書

費　用	収　益
交通費 ¥　400	アルバイト代 ¥5,000
食　費 ¥1,600	
利　益 ¥3,000	

(3)夜の貸借対照表

今日１日を終えた夜には、手許には資産として現金 ¥4,000 が残り、これが明日の活動の元手となる純資産（資本）となります。

夜の貸借対照表

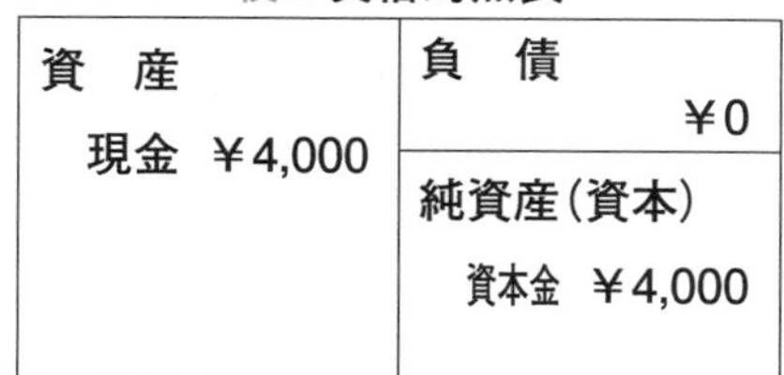

2 利益は純資産（資本）を増やす

今日の活動で得た損益計算書の**利益 ¥3,000** は、朝の貸借対照表の**資本金 ¥1,000** と合計され、夜の**資本金 ¥4,000 を構成**しています。

貸借対照表と損益計算書の関係を確認しておきましょう。

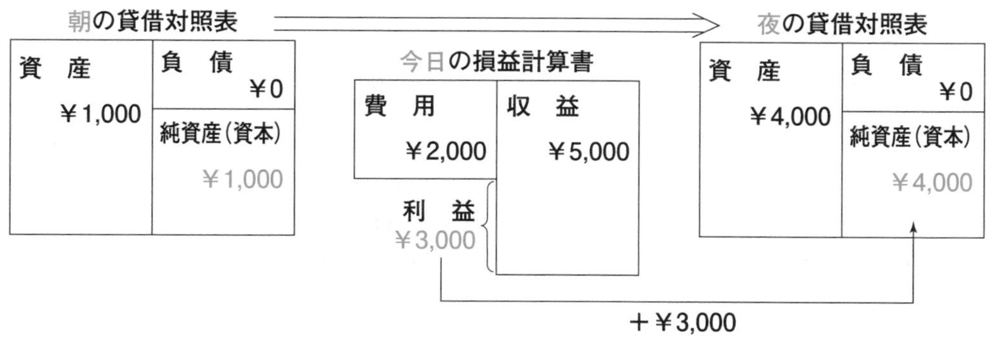

3 期首・期中・期末

現在の会計期間を『当期』といい、その最初の日を『期首（きしゅ）』、最後の日を『期末（きまつ）』といい、その間を『期中（きちゅう）』といいます。

当期の損益計算書には、当期中に発生した収益と費用が記載され、当期の貸借対照表には当期末時点での資産・負債・純資産（資本）が記載されます[01]。

01) 前期末（たとえば、×２年３月31日営業終了後）と当期首（×２年４月１日営業開始時）の間に資産・負債等の移動はないので、前期末の貸借対照表は当期首の貸借対照表に一致します。

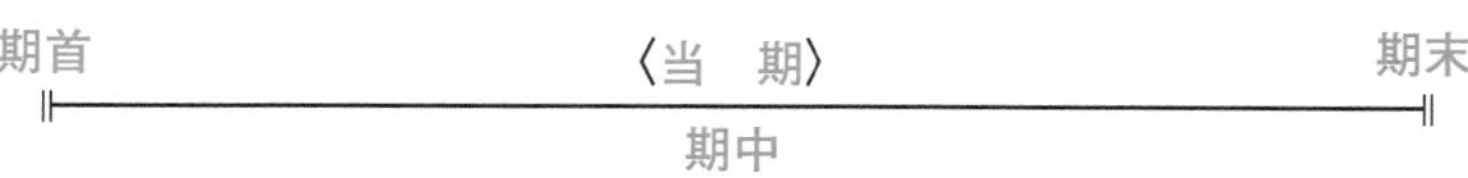

期首貸借対照表

資　産	負　債
	純資産（資　本）

損益計算書

期末貸借対照表

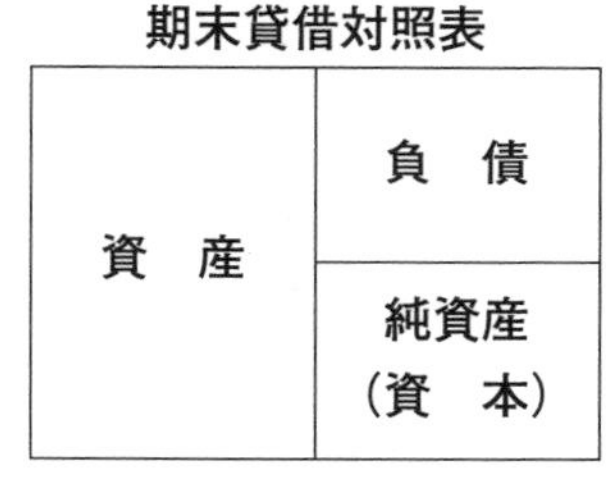

4 貸借対照表と損益計算書

期首時点での貸借対照表は資産 1,300 万円、負債 1,000 万円、そして差額が純資産（資本）で 300 万円であり、この状態が当期のスタートであったとしましょう。

期中の活動で得た収益は 700 万円、使った費用は 500 万円。したがって、当期の利益は 200 万円となり、これが当期の損益計算書に示されます。

当期の収益と費用がすべて現金で受け払いされ、現金以外の資産、負債の金額に変動がなかった場合、期首の状態に比べて当期純利益の分だけ現金と、自由に使える元手となる純資産（資本）が増えた、ということになります。したがって、この場合の当期末の貸借対照表は資産 1,500 万円、負債 1,000 万円、純資産（資本）500 万円となります。

純資産（資本）の変化を見てみると、**期首の純資産（資本）300 万円に当期純利益 200 万円を加えることによって、期末の純資産（資本）500 万円となっています。**つまり、期末の純資産（資本）には「**期首からの元手**」の分と「**当期の利益**」の分という 2 つの意味があるのです。

逆に、当期に損失を計上すると、純資産（資本）は減少します。

コラム　おしゃべりな数字たち

数字って、とてもおしゃべりなんです。

そして「嘘がつけないタイプ」とまではいいませんが、「嘘をついてもすぐにばれるタイプ」のものなのです。

だから数字を見ると、「なんとか格好はつけているけど、ひいひい、つらいよー」といっているものもあれば、「ほんとうは余裕なんだけどね」といっているものもあります。

大切なことは、数字たちの言葉に耳を傾けられるようになることです。

そして、そのためには、数字たちの言葉「簿記」を学んでおかなければなりません。

これからの時代、「簿記」の知識はますます必要かつ重要になります。

みなさんの選択は正しい。頑張って進んでいきましょう。

5 貸借対照表と損益計算書にかかわる公式＝会計構造式

貸借対照表と損益計算書にかかわる公式として、次の公式があります。

純資産等式：資　産 − 負　債 ＝ 純資産

資産から負債を差し引いて自由に使える資金（元手）を計算します。

貸借対照表等式：資　産 ＝ 負　債 ＋ 純資産

貸借対照表の左側（資産）の合計金額と右側（負債＋純資産）の合計金額は一致することを表します。

財産法の公式：期末純資産 − 期首純資産 ＝ 当期純利益 [01)]

期末純資産と期首純資産との比較から、当期純利益を計算します。

損益法の公式：収　益 − 費　用 ＝ 当期純利益 [01)]

収益と費用の比較から、当期純利益を計算します。なお、財産法の結果と損益法の結果は一致します。

損益計算書等式：費　用 ＋ 当期純利益 ＝ 収　益

損益計算書の左側（費用＋当期純利益）の合計金額と右側（収益）の合計金額は一致することを表します[02)]。

01) マイナスとなった場合は当期純損失となります。

02) 当期純損失の場合は費用＝収益＋当期純損失となります。

Section 3 のまとめ

貸借対照表（バランスシート〈B/S〉といいます）
　⇨ 一定の時点の財産の状態（かっこ良くいうと財政状態）を表すもの
損益計算書（プロフィットアンドロスステートメント〈P/L〉といいます）
　⇨ 一定の期間の儲け（かっこ良くいうと経営成績）を表すもの

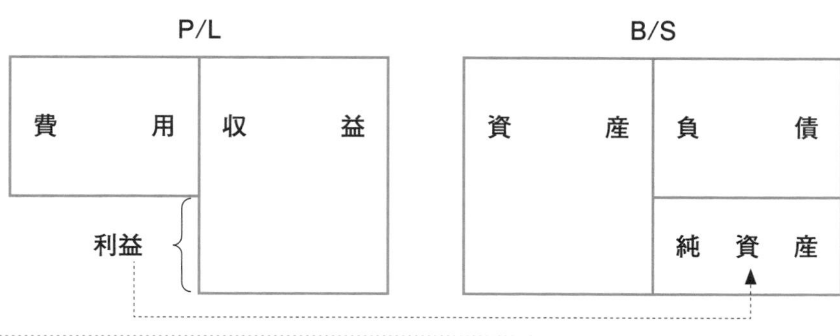

コラム

簿記は未来のために

みなさん、損益計算書と貸借対照表の関係、わかっていただけたでしょうか？

世の中には簿記のことを「どうせ（やったことの）後始末の方法だろ？」とか「経理部門じゃないし」などと、理解のないことをいう人もいますが、なかなかどうして、みんなにとって使い甲斐のある良い知識です。そしてその威力は、未来に向けて使ったときに大きく発揮されます。

例えば、みなさんが「いつかマンションを買いたい」と思っているとしましょう。

2,000 万円のマンションなら「諸経費で 2,000 万円の 10%は貯めないと買えない」などということはすぐにわかります。

では、どうすれば貯められるのか。そこで、みなさんに作ってもらった自分損益計算書を見てみてください。例えば、手取りの給料が 25 万円で、家賃が 7 万円、食費やその他で 10 万円掛かっていたとすると、月の残りが 8 万円、これが資本になる。それを積み立てて 200 万円にするには、25 カ月（200 万円÷ 8 万円）、つまり約 2 年後にはマンションが買える。

さらに買った後のローンの返済は、家賃分の 7 万円も充てられるので合計 15 万円までなら生活は変えないですむ。これで 2,000 万円を返済しようとすると、単純計算で約 133 カ月、年にして 11 年強。つまり、2 年後にマンションを購入するときには、（次に売却しやすくなる）11 年後の自分の状況を想定すればいい。「子供が大きくなっているぞ」と思うならば郊外の広めのものになるでしょうし、「せいぜい結婚しているくらいかな」と思うならば都心の小さめのものを選ぶでしょう。

こうしておけば、2 年間はその準備期間として自分に合った情報を集めることができます。

頭金が貯まってから情報を集め出す人と、2 年間ウオッチしてきた人では、どちらが思うものを手にできるでしょうか。それはいうまでもありませんよね。不勉強な政治家ではあるまいし、「これから考えます」では、ずいぶんと遅いスタートになってしまいます。

このように、簿記的な感覚で数字を捉えておけば、人生の重要な“ものさし”になるものです。

「幸せは計画の中にある」などといいますが、この、ものさしがあってこそ、ボーナスや昇給の喜びもまた、ひとしおのものになります。

みなさん、簿記の知識を未来に使ってより納得のいく人生にしていきましょう。

Chapter 2

仕訳と転記

仕訳は覚えない！

ここでは、簿記の基礎であり根本でもある「仕訳（しわけ)」を学びます。

この仕訳を“覚える”などと考えてはいけません。

人間、覚えたことは忘れるものです。

覚えることは最小限にして、理解することに重点を置きましょう。

では、理解するにはどうすればいいのでしょうか。

理解するには、取引をする者の立場に立って、具体的に「取引の場面をイメージすること」です。

取引の場面をイメージすることさえできれば、仕訳は必然的にできてきます。

自分が取引をしている気持ちになって、この Chapter の学習をはじめてください。

仕訳(しわけ)ってなに？

重要度レベル ★★★★☆

はじめに

取引を帳簿に記録するためには、まず「仕訳」という処理を行います。この仕訳こそ、簿記の根幹をなす重要な処理であり、個々の取引を記録するだけではなく、日々の仕訳の蓄積によって、財産の変動や、収益や費用の金額を集計して、把握することができるのです。
ここでは「仕訳」について学んでいきます。

1 簿記上の取引

資産・負債・純資産（資本)、そして収益・費用が**増えたり減ったりする事象**を、簿記では**『取引』**といいます。また、取引について、**『仕訳』**という処理を行います。

たとえば、「火災」「盗難」といった事象はみなさんの「取引」のイメージには合わないかもしれませんが、財産が減ってしまうので、簿記では「取引」と考えます。

また、ただ単に電話やＦＡＸなどで商品の注文をしたり、受けただけでは、財産に増減が生じていないため簿記上の「取引」とは考えません。

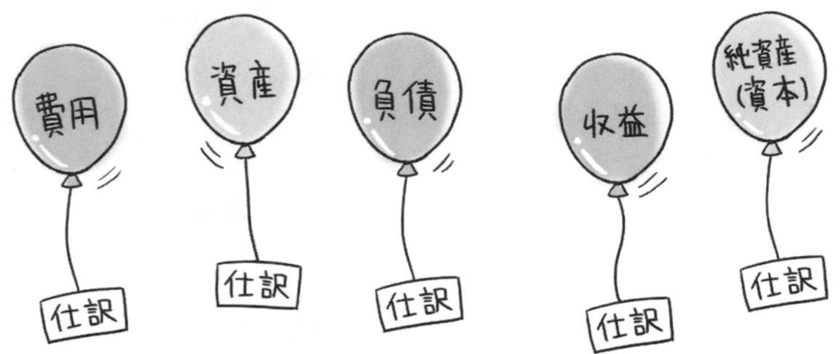

2 勘定科目で捉える

『勘定科目(かんじょうかもく)』とは仕訳を行うときの、金額の動きを把握する単位のことです。

たとえば**“資産が増えた”**というときに、それだけでは「現金」が増えたのか「土地」が増えたのかがわかりません。また、**“収益を得た”**といっても、商品を売った「売上」と、預金についた「受取利息」とでは意味が異なります。

そこで簿記では、勘定科目を用いて資産・負債・純資産（資本）・収益・費用のそれぞれを、さらに細かく分けて把握します。

全経３級では、主に次のような勘定科目が用いられています。

資産の勘定科目

現金	未収金
当座預金	仮払金
売掛金	建物
有価証券	車両運搬具
繰越商品	備品

負債の勘定科目

買掛金	未払費用
未払金	前受金

純資産（資本）の勘定科目

資本金	繰越利益剰余金

費用の勘定科目

仕入	貸倒引当金繰入
広告費	減価償却費
水道光熱費	有価証券売却損
支払家賃	支払利息

収益の勘定科目

売上	有価証券売却益
受取利息	

つまり、仕訳を行うさいには、資産・負債・純資産（資本）・収益・費用といった大きな区分ではなく、それらに属する「現金」や「土地」、「売上」といった、より細かい勘定科目を用いて行うのです。

3 取引には２つの側面がある

「**銀行からお金 ￥300 を借りた**」という取引について考えてみましょう。まず、資産であるお金（＝現金）が増えています。その一方で、負債である借入れ（＝借入金）も増えています。

また、「**お金 ￥200 を使って広告を出した**」という取引では、広告費という費用が増えて、現金という資産が減っています。

このように１つの取引は必ず、２つの側面[01]を持つものなのです。

01）原因と結果という言い方をする人もいます。

簿記では、**取引を２つの側面で捉え、勘定科目を用いて記録を行います。** そして、この取引を記録する方法を『仕訳』というのです。

4 仕訳の基本形は１対１

では、「銀行から現金 ¥300を借りた」という取引で仕訳のかたちを見てみましょう。

(借) 現　　金	300	(貸) 借　入　金	300

簿記では**左側を借方**（かりかた）、**右側を貸方**（かしかた）といいます[01)]。

また、上の仕訳の左右にある（借）（貸）は、借方と貸方を示しています[02)]。

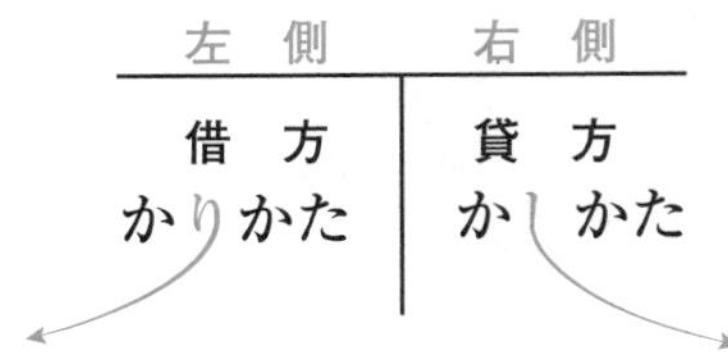

「り」と「し」を伸ばして覚えよう！[03)]

01) 借りる・貸す、という言葉の意味との関連は考えないでください。単に左側を借方、右側を貸方といっているにすぎません。

02) 貸借対照表や損益計算書でも左側を借方、右側を貸方といいます。

03) 「かりかた」「かしかた」の唯一異なる文字の「り」と「し」を使って覚えましょう。

5 ホームポジション側で増える

まず「現金」「借入金」といった勘定科目を記入し、最後に金額を記入します。

「現金」は資産ですから借方（左側＝資産のホームポジション側）で増え、「借入金」は負債ですから貸方（右側＝負債のホームポジション側）で増えます。

つまり、**資産・負債・純資産（資本）・収益・費用が増えるときはそれぞれの勘定科目のホームポジション側に記入**します。

したがって 4 の仕訳では、「資産である現金が ¥300 増えた」「負債である借入金が ¥300 増えた」ということを表しているのです[01)]。

01) 取引は資産、負債、純資産（資本）、収益、費用のうち、２つに変化をもたらします。ただし、同じものが２つということもあります。
（例　現金が減って、普通預金が増える）

仕　訳　**次の取引を仕訳しなさい。**

5.1　本日、現金 ¥100,000 を出資（元入れ）して小売業を開業した。
5.6　A銀行から現金で ¥40,000 を借り入れた。
5.10　広告費 ¥30,000 を現金で支払った。
5.26　家賃 ¥26,000 を現金で支払った。
5.31　A銀行に対する借入金 ¥40,000 を利息 ¥2,000 とあわせて現金で返済した。

5.1	（借）	現　　　金	100,000	（貸）	資　本　金	100,000
5.6	（借）	現　　　金	40,000	（貸）	借　入　金	40,000
5.10	（借）	広　告　費	30,000	（貸）	現　　　金	30,000
5.26	（借）	支払家賃	26,000	（貸）	現　　　金	26,000
5.31	（借）	借　入　金	40,000	（貸）	現　　　金	42,000
		支払利息	2,000			

5.1　開業したお店の立場で処理します。現金（資産）が増えたので借方に、また、事業のための元手として出資された金銭は資本金（純資産）として貸方に記入します。
5.6　銀行からの借入れの取引です。借入額は借入金勘定（負債）を用いて処理します。
5.10　広告費は広告費勘定（費用）で処理します。
5.26　家賃は支払家賃勘定（費用）で処理します。
5.31　利息は支払利息勘定（費用）で処理します。

Section 1 のまとめ

「仕訳」：取引を２つの側面で捉え、勘定科目を用いて記録すること。
「取引」：資産・負債・純資産（資本）、収益・費用が増えたり減ったりする事象（出来事）のこと。

○○○…勘定科目
×××…金額

一致します

「勘定科目」：簿記において、金額の動きを把握する単位のこと。
資産・負債・純資産（資本）、収益・費用の具体的な名前を用いる。

勘定と転記

重要度レベル ★★★☆☆

はじめに

「今、現金はいくら残っているのか」という残高を把握するためには、記録した結果を集計しておくことが大切です。しかし、仕訳をしただけでは、それぞれの勘定科目の変動を追って、残高に関する情報を得ることは困難です。
常に残高がわかるようにしておくためには、どのような工夫が必要でしょうか。

1 転記とは

上記のような問題を解決するためには、仕訳[01]をした後それぞれの**勘定科目の増減を1カ所にまとめておく**必要があります。そのために『**勘定口座**[02]』を設け、**仕訳した結果をそこに書き移す**ようにします[03]。

これにより、特定の勘定科目の増減が一目でわかるようになり、勘定口座の記録から月末の現金残高がいくらか、といったことがわかるようになります。

01) 仕訳は仕訳帳で行います。仕訳帳は日々の仕訳を発生順に記入した帳簿です（詳しくはSection 3で説明します）。
02) 勘定口座は、ある勘定科目の増減を記録するために設けられます。
03) この作業を「転記」といいます。

(1)仕訳帳への記入

仕　訳　帳[04]

X1年		摘　要		元丁	借　方	貸　方
4	1	（現　金）		（省略）	8,000	
			（資　本　金）			8,000
		本日現金を元入れして開業				
	3	諸　口[05]	（現　金）			4,000
		（広　告　費）			3,000	
		（通　信　費）[06]			1,000	
		広告代金と切手代の支払い				
	10	（現　金）			9,000	
			（借　入　金）			9,000
		銀行より借入れ				

04) 仕訳帳への記入の仕方はSection 3を参照してください。
05) 「しょくち」と読み、勘定科目が複数あることを示します。
この場合、現金勘定の相手となる勘定が広告費勘定と通信費勘定の2つとなっているので、「諸口」としています。なお、諸口は勘定科目ではありませんので（　）は付けません。
06) 切手代や郵便料金などは通信費勘定で処理します。

⑵勘定口座への転記

たとえば現金の残高を計算する必要があったとしても、収入・支出を仕訳帳の中からひとつひとつ拾い出して計算するのは大変です。そこで、現金の勘定口座[07]を設けて、そこに収入・支出を集計しておきます。

現	金[07]		
4/1	8,000	4/3	4,000
4/10	9,000		

このようにすれば、すぐに（記入面から）収入合計が￥17,000で、支出合計が￥4,000、したがって、残高は￥13,000[08]であることがわかります。

07) 勘定口座を略式で示したものをTフォームといいます。

08) ￥17,000 − ￥4,000 ＝￥ 13,000

2 転記の方法

仕訳の借方側 … 仕訳の**借方**に記入されている**金額**を、借方の勘定科目と**同じ名称の勘定口座**[01]の**借方**に記入します。

仕訳の貸方側 … 仕訳の**貸方**に記入されている**金額**を、貸方の勘定科目と**同じ名称の勘定口座**[01]の**貸方**に記入します。

あわせて、**取引日の日付と相手勘定**[02]**の勘定科目**を記入します。

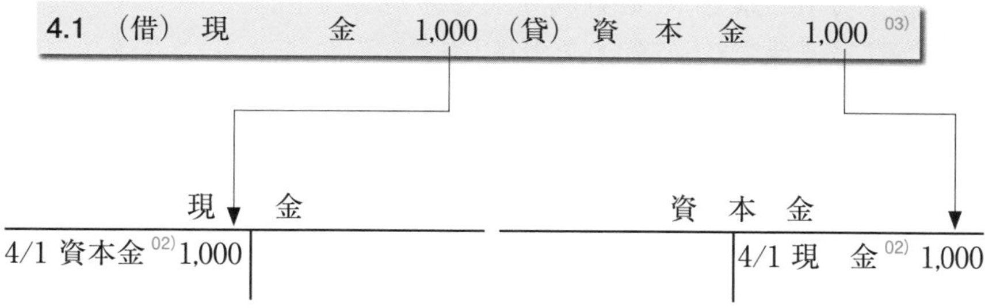

また、借方あるいは貸方の**勘定科目が２つ以上**になることがあります。このような場合には、相手勘定の科目として「諸口（しょくち）」と記入します（次の現金勘定を参照してください）。

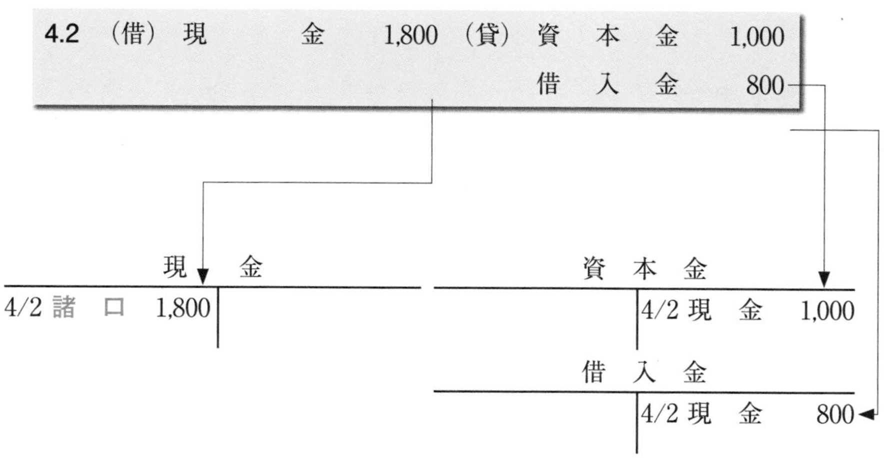

現金勘定から見ると、仕訳の相手勘定は資本金勘定と借入金勘定の２つになるので、諸口と記入しています。

01) 勘定口座を集めてひとつづりにした帳簿を総勘定元帳といいます（詳しくはSection 3で説明します）。

02) たとえば、借方勘定科目（ここでは現金勘定）から見た貸方勘定科目（ここでは資本金勘定）を相手勘定といいます。

03) 転記のルール
仕訳を転記するときには、仕訳の借方の科目はその勘定口座の借方に、貸方の科目はその勘定口座の貸方に転記します。

3 勘定記入のルール

勘定口座への記入（転記）を行う場合のルールは仕訳を行うときのルールとまったく同じです。たとえば、**資産に属する勘定であれば増加は借方（つまりホームポジション）に、減少は貸方（つまりホームポジションの逆側）に記入します。**

［借方］	**資産の勘定**	［貸方］
増　加		減　少

［借方］	**負債の勘定**	［貸方］
減　少		増　加

［借方］	**純資産（資本）の勘定**	［貸方］
減　少		増　加

［借方］	**費用の勘定**	［貸方］
増　加		減　少

［借方］	**収益の勘定**	［貸方］
減　少		増　加

勘定と転記　**次の取引を仕訳し、勘定口座に転記しなさい。**

7.1　神保町商店は本日、現金 ￥150,000 を元入れして開業した。
7.5　本日、T銀行から現金で ￥75,000 を借り入れた。
7.15　現金 ￥70,000 を普通預金口座に預け入れた。
7.24　本日、広告代金 ￥25,000 と家主に家賃 ￥30,000 を現金で支払った。
7.29　本日、借入金 ￥75,000 を返済し、利息 ￥4,000 とともに、現金で支払った。

現　　金	

借　入　金	

資　本　金	

普　通　預　金	

広　告　費	

支　払　利　息	

支　払　家　賃	

少しばかり忍耐の要る作業ですが、やっていること自体は、仕訳の借方を同じ勘定口座の借方に、仕訳の貸方を同じ勘定口座の貸方に転記するだけです。
確実に処理しましょう。

仕訳帳と総勘定元帳 **次の取引を仕訳帳に記入し、総勘定元帳へ転記しなさい（一部の勘定口座は省略している）。なお、仕訳帳には小書きを書くこと。**

4.14 現金 ¥100,000 を普通預金口座から引き出した。

4.18 銀行からの借入金 ¥100,000 をその利息 ¥5,000 とともに現金で支払い、返済した。

4.25 水道料金 ¥8,000 を現金で支払った。

仕　訳　帳　3

X1年		摘　要	元丁	借　方	貸　方
		前ページから		1,000,000	1,000,000

現　金　1

X1年		摘　要	仕丁	借　方	X1年		摘　要	仕丁	貸　方
		前ページから		210,000			前ページから		140,000

普　通　預　金　3

X1年		摘　要	仕丁	借　方	X1年		摘　要	仕丁	貸　方
		前ページから		450,000			前ページから		210,000

借　入　金　12

X1年		摘　要	仕丁	借　方	X1年		摘　要	仕丁	貸　方
		前ページから		100,000			前ページから		200,000

水　道　光　熱　費　31

X1年		摘　要	仕丁	借　方	X1年		摘　要	仕丁	貸　方
		前ページから		10,000					

支　払　利　息　41

X1年		摘　要	仕丁	借　方	X1年		摘　要	仕丁	貸　方

仕　訳　帳　　　3

X1年		摘　要		元丁	借　方	貸　方
			前ページから		1,000,000	1,000,000
4	14	（現　金）		1	100,000	
			（普通預金）	3		100,000
		普通預金より引出し				
	18	諸　口	（現　金）	1		105,000
		（借入金）		12	100,000	
		（支払利息）		41	5,000	
		借入金返済、利息の支払い				
	25	（水道光熱費）		31	8,000	
			（現　金）	1		8,000
		水道料金の支払い				

現　金　　　1

X1年		摘　要	仕丁	借　方	X1年		摘　要	仕丁	貸　方
		前ページから		210,000			前ページから		140,000
4	14	普通預金	3	100,000	4	18	諸　口	3	105,000
						25	水道光熱費	3	8,000

普　通　預　金　　　3

X1年		摘　要	仕丁	借　方	X1年		摘　要	仕丁	貸　方
		前ページから		450,000			前ページから		210,000
					4	14	現　金	3	100,000

借　入　金　　　12

X1年		摘　要	仕丁	借　方	X1年		摘　要	仕丁	貸　方
		前ページから		100,000			前ページから		200,000
4	18	現　金	3	100,000					

水　道　光　熱　費　　　31

X1年		摘　要	仕丁	借　方	X1年		摘　要	仕丁	貸　方
		前ページから		10,000					
4	25	現　金	3	8,000					

支　払　利　息　　　41

X1年		摘　要	仕丁	借　方	X1年		摘　要	仕丁	貸　方
4	18	現　金	3	5,000					

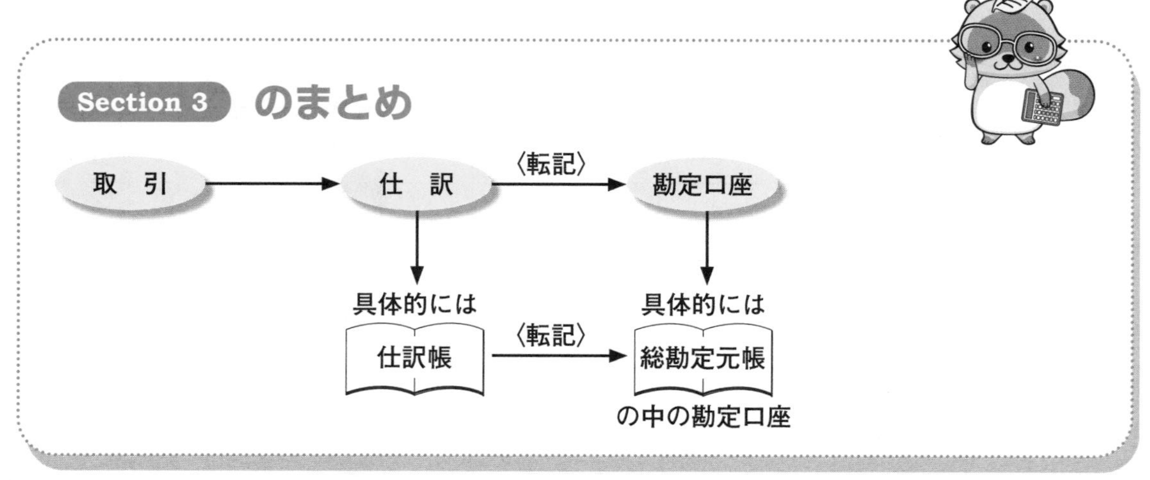

Chapter 3

現金と預金

Section1 **現金と預金** 重要度レベル ★★★☆☆

Section2 **当座預金** 重要度レベル ★★★★☆

Section3 **小口現金** 重要度レベル ★★★★☆

現金ってなに？

「現金ってなに？」なんて聞かれたら、「そりゃ、生まれてこの方使ってきた財布の中のコレコレ……」といったくらいしか答えようがないですよね。

しかし、簿記でいう現金というのは「即時的な支払手段になるもの」なのです。

即時的な支払手段になるということは、たとえばみなさんが友達に１万円を貸していたとして、友達が返してきたときに、みなさんが「１万円返ってきたな」と納得がいくもの、ということになります。

そうすると、１万円札１枚でも、1,000円札10枚でも納得いきますよね。ですから、紙幣は簿記でも現金なのです。また、500円玉20枚でも100円玉100枚でも、友達ならまぁ、しょうがないですよね。ですから、硬貨も現金のうちです。さらには10円玉1,000枚、１円玉10,000枚でも硬貨は硬貨ですから、しょうがないといえばしょうがないのですが……。今度は友達ではなくなってしまいますよね（笑）。

まあ、ともかく簿記では、銀行に持っていけばすぐに現金に換えてくれるものも「即時的な支払手段になるもの」として現金として処理することになるのです。

現金と預金

重要度レベル ★★★☆☆

はじめに

簿記で扱うものの中で、最も身近でイメージのしやすいものは「現金」でしょう。しかし、簿記では、みなさんが「現金」と聞いてまず思い浮かべる紙幣や硬貨の他にも「現金」として扱うものがあります。このSectionでは、簿記でいう「現金」にはどのようなものがあるのか、また、現金の出入りを記録する現金出納帳についてみていきましょう。

1 簿記上の現金

紙幣や硬貨などの金銭を受け取ったら、簿記では現金勘定で処理します。また、**小切手を受け取った場合にも、簿記上は現金勘定で処理します**。小切手とは、預金者が「小切手の持参者に金銭を支払ってください」と銀行に依頼した証券のことであり、指定の銀行に持ち込むとすぐに換金してもらえるものです（Section 2参照）[01]。

したがって、簿記上の現金のほうが、一般にいう現金よりも範囲が広いことに注意してください。

簿記上の現金

通　　貨（紙幣や硬貨）	通貨代用証券（小切手など）

一般にいう現金

なお、**小切手のようにすぐに換金できるものを通貨の代わりになる証券という意味で、通貨代用証券**といいます。通貨代用証券には他人振出しの小切手、普通為替証書、送金小切手などがあります。

01）小切手は受け取ったらすぐに換金することができ、通貨（紙幣や硬貨）を受け取るのと大差がないため現金として扱います。また、小切手は金銭を持ち歩くのに比べて安全なので、高額の代金を支払う場合などに用いられます。

2 現金取引の処理

現金取引の処理では、⑴現金を受け取ったとき、⑵現金を支払ったとき、の２つに注意してください。

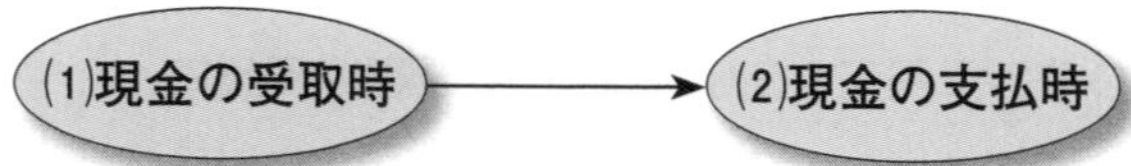

⑴受取時

例 1-1

銀行から現金 ￥50,000 を借り入れた。

現金を受け取ったときは、**現金勘定（資産の勘定）の増加**として処理します。現金は企業の資産の１つであるためです。

（借）	現　　金	50,000	（貸）	借　入　金	50,000

⑵支払時

例 1-2
銀行から借り入れていた現金 ¥50,000 を返済した。

現金を支払ったときは、**現金勘定（資産の勘定）の減少**として処理します。

（借）	借　入　金	50,000	（貸）	現　　金	50,000

3 通貨代用証券の処理

小切手を例にとって、通貨代用証券の処理を説明します。なお、⑴通貨代用証券を他人から受け取ったとき、⑵通貨代用証券を他人に譲渡したとき、の２つに注意してください。

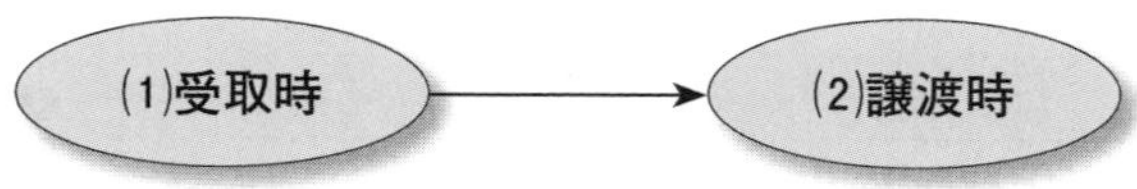

⑴受取時

例 1-3
土地 ¥300,000 を売却し、代金の¥300,000 は小切手で受け取った。

他人が振り出した小切手を受け取ったときには現金勘定で処理しますが、小切手を振り出したときには現金勘定で処理しないことに注意してください。Section２参照。

小切手等の通貨代用証券を受け取ったときには、**現金の増加**として処理します。これは通貨代用証券がすぐに換金できる性質をもち、通貨の受取りと区別する必要がないからです。

（借）	現　　金	300,000	（貸）	土　　地	300,000

⑵譲渡時

例 1-4
備品¥300,000 を購入し、代金は、さきに受け取っていた、得意先が振り出した小切手 ¥300,000 をそのまま渡して支払った。

小切手は、銀行で換金しないでそのまま第三者に譲渡することができます。これを「小切手の譲渡（じょうと）」といいます。そして、受け取っていた通貨代用証券を譲渡したときには、**現金の減少**として処理します。これは小切手を換金してお金を受け取る権利がなくなったからです。

（借）	備　　品	300,000	（貸）	現　　金	300,000

4 現金出納帳とは

現金出納帳(げんきんすいとうちょう)[01] とは、現金（簿記上の現金となるもの）に関する取引のみを記録するための帳簿です。

01）現金出納帳は補助記入帳のひとつです。

小切手などの通貨代用証券も、すぐに換金できるため現金として扱い、受け取ったら現金出納帳に記入します。

❶摘要欄(てきようらん)といいます　❷収入欄・支出欄といいます　❸残高欄といいます

現金出納帳

×1年		摘要	収入	支出	残高
6	1	前月繰越	380,000		380,000
	2	商品の購入		120,000	260,000
	6	預金預入れ		100,000	160,000
	12	代金の回収	200,000		360,000
	26	家賃の支払い		32,000	328,000
	29	預金引出	70,000		398,000
	30	次月繰越[02]		398,000	
			650,000	650,000	
7	1	前月繰越	398,000		398,000

❹月末の残高を記入します

◆**記入のしかた**

❶ 摘要欄に取引内容を簡潔に記入します（「回収」「預入れ」など）。

❷ 現金の増加は収入欄に、現金の減少は支出欄に記入します。

❸ 残高欄に残高を記入します。

❹ 当月の記入を終了し締め切るときには、月末残高を支出欄に記入することで、収入欄と支出欄の合計金額を一致させます。

02）月末の次月繰越の記入行は、本来、朱記しますが、本試験では赤ペンが使用できないため黒で記入します。

5 預金の種類

金融機関に現金を預ける、つまり預金をする場合、その種類には普通預金、定期預金、当座預金[01] などがあります。

01）当座預金については、次の Section 2で学習します。

(1)普通預金

現金の預け入れ、引き出しが自由にでき、利息の付く預金で、個人でも広く利用されています。

(2)定期預金

預けてから一定期間、引き出しができないかわりに、一般的に普通預金よりも高い利率で利息の付く預金です。預入期間には、1年以内の短期のものや、1年を超える長期のものがあります。

①預入時

例1-5
現金￥50,000を大阪銀行の普通預金口座に預け入れた。

(借)	普通預金[02]	50,000	(貸)	現金	50,000

②利息受取時

例1-6
大阪銀行の普通預金口座に預けた￥50,000に対する利息￥50が普通預金口座に振り込まれた。

(借)	普通預金	50	(貸)	受取利息	50

③引出時

例1-7
大阪銀行の普通預金口座から現金￥1,000を引き出した。

(借)	現金	1,000	(貸)	普通預金	1,000

02) 預け入れたのが定期預金であれば、勘定科目は定期預金を使用します。

現金の処理 次の資料にもとづいて、現金出納帳への記入を行いなさい（週末の締切りも行う）。

6.1 現金の普通預金からの引出し ￥65,000
6.2 現金による商品の購入 ￥80,000
6.5 現金による家賃の支払い ￥50,000
6.6 現金の普通預金からの引出し ￥65,000

X年		摘要	収入	支出	残高
6	1	前週繰越	100,000		100,000
	7	次週繰越			
6	8	前週繰越			

X年		摘要	収入	支出	残高
6	1	前週繰越	100,000		100,000
	〃	普通預金から引出	65,000		165,000
	2	商品の購入		80,000	85,000
	5	家賃の支払い		50,000	35,000
	6	普通預金から引出	65,000		100,000
	7	次週繰越		100,000	
			230,000	230,000	
6	8	前週繰越	100,000		100,000

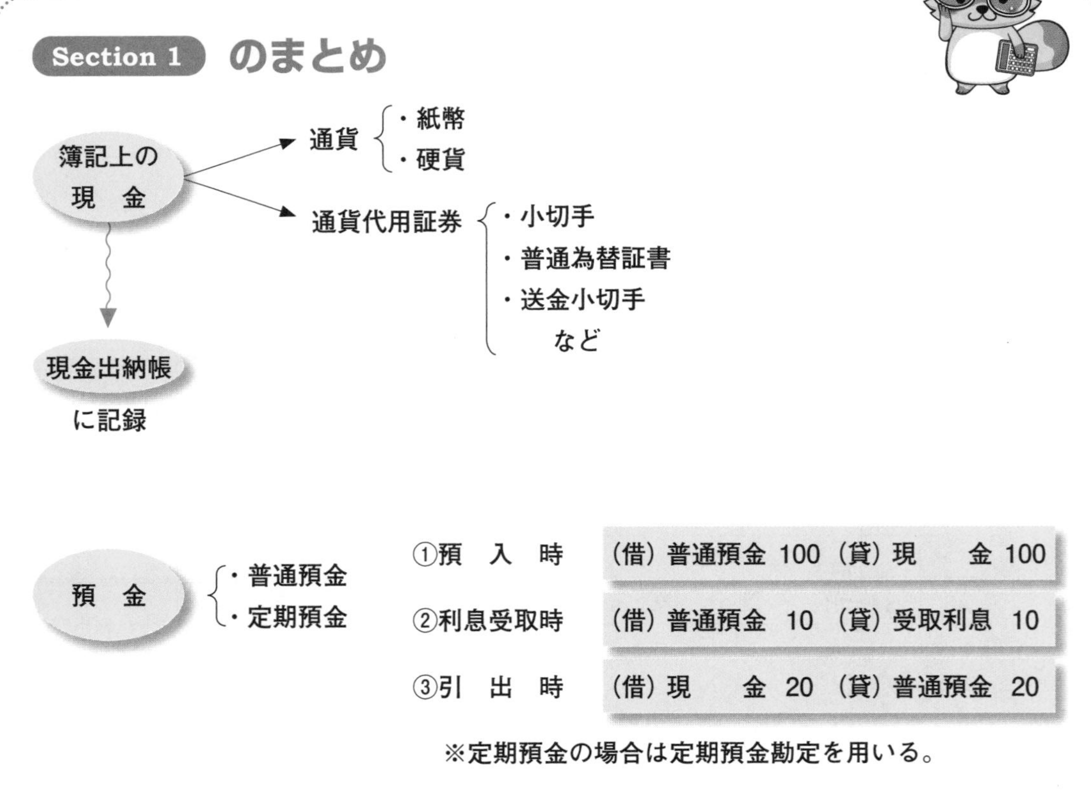

Section 1 のまとめ
簿記上の現金
通貨
・紙幣
・硬貨
通貨代用証券
・小切手
・普通為替証書
・送金小切手
など
現金出納帳に記録
預金
・普通預金
・定期預金
①預入時
(借) 普通預金 100 (貸) 現金 100
②利息受取時
(借) 普通預金 10 (貸) 受取利息 10
③引出時
(借) 現金 20 (貸) 普通預金 20
※定期預金の場合は定期預金勘定を用いる。

当座預金

重要度レベル ★★★★☆

はじめに

商品の売買などの取引を行ったら、その都度、現金で支払いがなされていれば、確実で安心です。しかし、会社同士の取引ともなると、取引と支払いの回数が多かったり、金額が大きかったりすることもありえます。すると、多額の現金を保管したり、持って歩く不安や、その現金を紛失したり、盗難にあう危険性などを考えなければなりません。
そういう場合に便利なのが小切手です。小切手を使うためには当座預金口座を持っていなければなりません。ここでは、その「当座預金」について学習します。

1 当座預金とは

当座預金は預金の一種であり、無利息であること、預金の引出しには小切手を用いることがその特徴です[01]。

小切手とは預金者が取引銀行に対して「**この小切手を持参した人に、小切手の金額を支払ってください**」と依頼するために発行する証券です[02]。

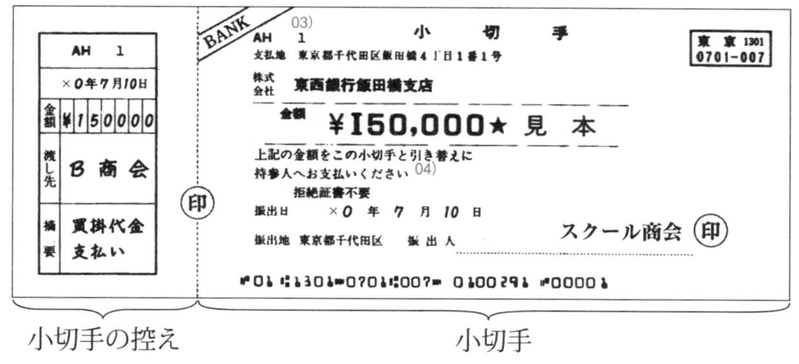
AH 1
×0年7月10日
金額 ¥150000
渡し先 B商会
摘要 買掛代金支払い

BANK
03)
AH 1　小切手
支払地 東京都千代田区飯田橋4丁目1番1号
株式会社 東西銀行飯田橋支店
東京 1301
0701-007
金額 ¥150,000★ 見本
上記の金額をこの小切手と引き替えに持参人へお支払いください 04)
拒絶証書不要
振出日 ×0 年 7 月 10 日
振出地 東京都千代田区　振出人 スクール商会 印
印

小切手の控え　　小切手

01) 当座預金は、通帳そのものが存在しないため普通預金のように通帳を使って引き出すことはできません。

02) 小切手に日付や金額などの必要事項を記入押印して作成することを「小切手を振り出す」といいます。

03) このような記入を「銀行渡り」といい銀行口座への振り込みによる決済が義務付けられるので、万一、小切手を紛失した場合にも換金者が判明することになり、不正に換金されることを防ぐことができます。

04) 銀行に対する支払要請なので信用度が高く、受け取った側は現金で処理できます。

2 当座取引の処理

当座取引の処理では、(1)当座預金に預け入れたとき、(2)小切手を振り出したとき[01]の2つの場面があります。

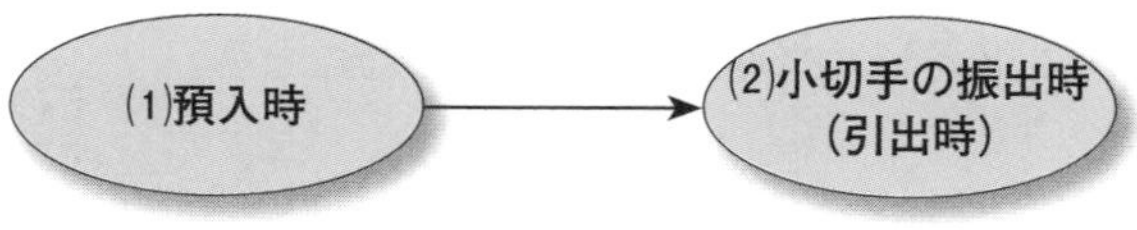

01) 当座預金は、小切手を振り出した（作成した）ときに減少の処理をします。

(1)預入時

例 2-1

現金 ￥500,000 を当座預金に預け入れた。

現金を当座預金に預け入れたときには当座預金勘定（資産の勘定）の増加として処理します[02]。

02) 当座預金が会社の資産の1つであるためです。

(借) 当座預金	500,000	(貸) 現　金	500,000

(2)小切手の振り出し時（引出時）

例 2-2
建物 ￥200,000 を購入し、その代金を小切手を振り出して支払った。

「小切手を振り出した」時点で**当座預金勘定（資産の勘定）**の減少として処理します。それは、小切手が当座預金を引き出すために用いられるものだからです。

(借) 建　物	200,000	(貸) 当座預金[03]	200,000

03) つまり、小切手はもらうと現金の増加、振り出すと当座預金の減少となります。

3 当社振出小切手の回収

例 2-3
当社はＢ社に土地（簿価 ￥200,000）を簿価で売却し、代金は当社がかつて振り出していた小切手で受け取った。

受け取った小切手は、換金せずにそのまま支払いにあてることができます[01]。このため、販売代金の回収などで、当社がかつて振り出した小切手が戻ってきて、受け取ることがあります。

この場合に当社は、**当座預金勘定**の増加として処理します。

01) これを小切手の譲渡（じょうと）といいます。

(借) 当座預金	200,000	(貸) 土　地	200,000

借方が「現金」ではなく「当座預金」となる理由を、次の２つの仕訳によって説明します。

当社が小切手を振り出したとき

(借) ○　○　○	200,000	(貸) 当座預金	200,000

当社振出小切手を回収したとき[02]

(借) 当座預金	200,000	(貸) 土　地	200,000

まず小切手を振り出したとき、実際に銀行の当座預金口座の残高が減少していなくても当座預金勘定を減少させています。

しかし、その小切手が戻ったので、もう銀行の当座預金が減ることはありません。そこで当座預金勘定の借方に記入し、当座預金を減らしたことを訂正します[03]。

02) Ｂ社（相手方）の仕訳
当社が振り出した小切手を受け取ったとき
(現　金) 200,000
(×××) 200,000
↓
その小切手を支払いにあてたとき
(土　地) 200,000
(現　金) 200,000

03) 減少の取り消しということになります。

Section 3

小口現金

重要度レベル ★★★★☆

はじめに

当座預金を使った、会社全体の入金や支払いは経理担当が行いますが、営業などの各部署でも、業務で使用する事務用品やコピー用紙の補充、営業員の交通費などこまごまとした支払いのために、ある程度の現金は必要となります。
このような支払いのために、各部署に小口現金係（用度係）を置き、あらかじめ現金を預けて必要な支払いをしてもらう方法についてみていきましょう。

1 小口現金とは

各部署に、交通費や雑費などの少額の経費を支払うために用意された現金を**小口現金**といい、あらかじめ一定額を支払担当者に渡しておきます。

また、小口現金の支払担当者[01)]が、その出納を記帳する帳簿を**小口現金出納帳**といいます。

01) 小口現金の支払担当者のことを用度係または小払係といいます。

2 小口現金の処理

小口現金の処理は⑴経理担当者が支払担当者に資金の前渡しをしたとき、⑵支払担当者が小口現金から経費を支払ったとき、⑶経理担当者が支払担当者から支払いの報告を受けたとき、⑷経理担当者が小切手を振り出すなどして資金を補給したとき、の4つに分けて考えます。

〈経理担当者[01)]〉

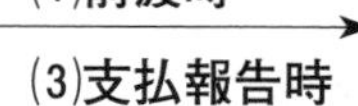

〈支払担当者〉

(2)支払時

支払先

01) 各仕訳を行うのは経理担当者です。この人の立場で各取引をみてください。

(1)前渡時

例 3-1

経理担当者は、小口現金の支払担当者に、小切手 ¥50,000 を振り出して資金を前渡しした。

支払担当者に資金を前渡ししたときには、小口現金勘定（資産の勘定）の増加として処理します[02]。

(借) 小口現金	50,000	(貸) 当座預金	50,000

(2)経費支払時

例 3-2

通信費 ¥12,000、交通費 ¥10,000、水道光熱費 ¥13,000、雑費 ¥5,000 を支払担当者が小口現金から支払った。

支払担当者が支払ったときには仕訳を行いません[03]。後日、経理担当者が、小口現金の支払担当者から支払明細について報告を受けたときに仕訳を行います[04]。

このときには仕訳を行わない。

(3)支払報告時

例 3-3

経理担当者は、支払担当者から上記の通信費 ¥12,000 と交通費 ¥10,000、水道光熱費 ¥13,000、雑費 ¥5,000 の支払いの報告を受けた。

経理担当者が支払明細について**報告を受けたときに、各種経費の計上と小口現金を減らす仕訳**を行います。

(借) 通信費	12,000	(貸) 小口現金	40,000
交通費	10,000		
水道光熱費	13,000		
雑費	5,000		

02) 資金の前渡しや補給のさいには小切手を振り出して支払担当者に渡し、それを換金するという方法が採られることがあります。

03) 支払担当者は仕訳ではなく、小口現金出納帳を記入して、経理担当者に報告します。

04) 仕訳はあくまでも経理担当者が行うものと考えてください。

⑷補給時

例 3-4

経理担当者は支払報告を受けた ¥40,000 について、同額の小切手を振り出して小口現金の補給をした。

小口現金を使用したときには、当初定めた金額になるように、使った金額だけ再び補給します。**このときには実際の支払額と同額の補給をすることに注意してください。**

(借)	小口現金	40,000	(貸)	当座預金	40,000

即日補給したときには

支払報告を受け、すぐに小切手を振り出して小口現金の補給を行ったときには、次のように仕訳します。この仕訳は⑶支払報告時と⑷補給時の仕訳を足したものです。

(借)	通信費	12,000	(貸)	当座預金[05]	40,000
	交通費	10,000			
	水道光熱費	13,000			
	雑費	5,000			

05) 即日補給の場合は小口現金勘定を使わない点に注意しましょう。

3 定額資金前渡制（インプレスト・システム）

前述の例では、当初 ¥50,000 の資金を支払担当者に前渡しして、ここから総額で ¥40,000 の支払いを行いました。そして補給をするときには支払額と同額の補給をしました。

つまり、**補給のときには必ず、その週またはその月に使った金額と同額の補給を行います。このようにすると支払担当者の手許には、週の最初または月の最初**[01] **には常に ¥50,000 の小口現金が前渡しされていることになります。**この制度を「**定額資金前渡制（インプレスト・システム）**」といいます。

01) 小口現金の計算期間は、ふつう１週間または１カ月間です。

4 小口現金出納帳とは

小口現金をいつ、どのような経費に、いくら使ったかについて記録するための帳簿[01]**を小口現金出納帳**（こぐちげんきんすいとうちょう）といい、支払担当者が記録を行います。

01) 小口現金出納帳は補助記入帳のひとつです。

02) 繰越額の違いに注目してください。

03) 全経3級の本試験では、翌週（翌月）補給の小口現金出納帳の作成問題の出題はほぼありませんが、実務においては経理担当者が報告を受けて、補給の処理をするまでの時間があるためよく用いられます。

◆記入のしかた

小口現金出納帳の記入のしかたは、資金の補給を翌週（翌月）になって行うのか、支払報告を受けたその日に行うのかによって異なります[02]。

(1)翌週（翌月）補給の場合[03]

支払報告を週末または月末に行い、資金の補給を翌週または翌月になって行う場合には、小口現金出納帳には次の❶～❼のとおり記入を行います。

❶小切手を受け入れるか、補給を受けたときにその額を記入

❷支払いの内容（何の支払いか）を記入

❸支払った金額とその内訳（経費の種類）を記入

小　口　現　金　出　納　帳

受　入	×1年		摘　要	支　払	内　訳				残　高
					交通費	通信費	光熱費	雑　費	
50,000	10	15	小切手受入						50,000
		〃	郵便切手	7,000		7,000			43,000
		16	来客用茶菓子	2,000				2,000	41,000
		17	バス回数券	3,000	3,000				38,000
		18	電灯料	10,000			10,000		28,000
		〃	ハガキ代	5,000		5,000			23,000
		19	お茶	3,000				3,000	20,000
		〃	タクシー代	7,000	7,000				13,000
		20	ガス代	3,000			3,000		10,000
			合計	40,000	10,000	12,000	13,000	5,000	
		〃	次週繰越	10,000					
50,000				50,000					
10,000	10	22	前週繰越						10,000
40,000		〃	本日補給						50,000

❹受入欄に記入された金額をそのまま移記

❺受入欄の金額から支払欄の合計額を差し引いた金額を記入

❻次週繰越と同額を記入

❼小切手による補給額を記入

翌週補給と即日補給の違いは「次週繰越」の金額にあります。翌週補給では補給前の金額（￥10,000）、即日補給では補給後の金額（￥50,000）となります。

(2)即日補給の場合 [04)]

支払報告と同時に資金の補給を行う場合には、小口現金出納帳には次の❶〜❻のとおり記入を行います。

04) 全経3級の本試験では、即日補給の小口現金出納帳の作成問題は頻出です。よく理解して書けるようにしておきましょう。

❶小切手を受け入れるか、補給を受けたとき、その額を記入

❷支払いの内容（何の支払いか）を記入

❸支払った金額とその内容（経費の種類）を記入

小口現金出納帳

受入	×1年		摘要	支払	内訳				残高
					交通費	通信費	光熱費	雑費	
50,000	10	15	小切手受入						50,000
		〃	郵便切手	7,000		7,000			43,000
		16	来客用茶菓子	2,000				2,000	41,000
		17	バス回数券	3,000	3,000				38,000
		18	電灯料	10,000			10,000		28,000
		〃	ハガキ代	5,000		5,000			23,000
		19	お茶	3,000				3,000	20,000
		〃	タクシー代	7,000	7,000				13,000
		20	ガス代	3,000			3,000		10,000
			合計	40,000	10,000	12,000	13,000	5,000	
40,000		20	本日補給						50,000
		〃	次週繰越	50,000					
90,000				90,000					
50,000	10	22	前週繰越						50,000

❹本日の補給額を記入

❻次週繰越と同額を記入

❺補給後の金額を記入

小口現金の処理 **次の取引を仕訳しなさい。**

5.1　当社では定額資金前渡制（インプレストシステム）を採用し、小口現金¥40,000を小切手を振り出して小口現金係に前渡しした。

5.8　小口現金係から次のような報告を受けたので、直ちに小切手を振り出して補給した。
交通費 ¥8,000、通信費 ¥30,000

5.1	(借)	小口現金	*40,000*	(貸)	当座預金	*40,000*
5.8	(借)	交通費	*8,000*	(貸)	当座預金	*38,000*
		通信費	*30,000*			

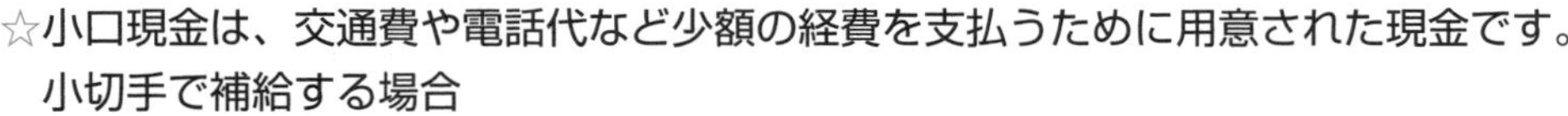

Section 3 のまとめ

☆小口現金は、交通費や電話代など少額の経費を支払うために用意された現金です。
小切手で補給する場合

(1)前渡時	(借)	小口現金	×××	(貸)	当座預金	×××
(2)支払報告時	(借)	通信費	×	(貸)	小口現金	××
		交通費	×			
(3)補給時	(借)	小口現金	××	(貸)	当座預金	××

小口現金出納帳に記入します。

※現金で補給する場合もあります。

☆支払報告と同時に資金を補給する場合は、上記(2)(3)をまとめた、次の仕訳を行います。

(借)	通信費	×	(貸)	当座預金	××
	交通費	×			

Chapter 4

商品売買

三分法と売上原価対立法

私たちが今、全経簿記３級で学んでいる簿記は「外部（仕入先）から商品を買ってきて、外部（得意先）に売る」という、商業（主に小売店）で用いられている簿記です。

小売店では、日々（頻繁に、大量に）行われる仕入（商品の購入）と売上（商品の販売）から得られる利益を計算しなければなりません。

商品売買を記帳して、利益を計算する方法はいくつかありますが、このChapterでは、大量、一括処理に適した「三分法」と、売上の都度、利益を把握することができる「売上原価対立法」を学習します。

商品売買取引の処理は、商業簿記の要です。がんばっていきましょう。

三分法（さんぶんぽう）

重要度レベル ★★★★★

はじめに

商売が波に乗り、取り扱う商品の種類や量が増加すると、反面、記帳の手間もずいぶんとかかるようになっていきます。
そこでこのSectionでは、たくさんの商品売買取引の処理を単純化して、記帳の手間を楽にする「三分法」という方法を学んでいきます。

1 三分法とは

多くの種類の商品を取り扱い、また、その取引量が多い場合には、商品売買を処理する方法として三分法が適しています。

三分法（さんぶんぽう）とは、商品売買について商品の購入時には仕入（しいれ）勘定（費用の勘定）、販売時には売上（うりあげ）勘定（収益の勘定）、決算期末には繰越商品（くりこししょうひん）勘定（資産の勘定）**の３つの勘定科目を用いて処理する方法をいいます。**

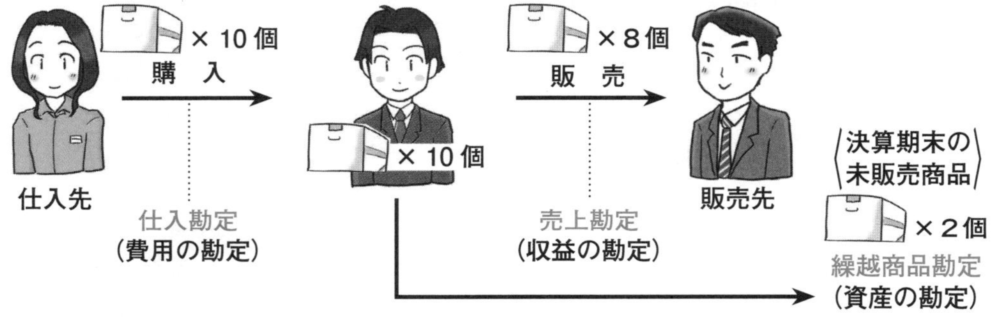

この方法を用いると、商品の販売時にいちいち原価（販売された商品の購入代金のことで仕入原価[01]といいます）を調べる必要がなく、販売した商品の原価は、決算期末にまとめて計算するため、機械的に大量処理する場合に適しています。

01）仕入原価は、購入原価、取得原価ともいいます。

2 三分法の処理

三分法の処理については、(1)商品を仕入れたとき[01]、(2)商品を販売したとき、(3)決算のとき、の３つに注意してください[02]。

01）商品を購入することを「仕入れる」といいます。
02）なお、(3)決算時についてはChapter11で詳しく説明します。

(1)仕入時

例 1-1

松山商店より１個あたり￥5,000 の商品 10 個を仕入れ、代金￥50,000 は現金で支払った。

商品を購入したときには、それに関連する付随費用[03] も含めた金額で**仕入勘定（費用の勘定）の増加**として処理します。なぜなら、商品そのものの代金だけではなく、商品を入手するためにかかった諸費用についても、商品を販売して収益を得るためには必要な費用であるためです。

(借) 仕　入	50,000	(貸) 現　金	50,000

(2)販売時

例 1-2

高知商店に商品 10 個のうち８個を１個あたり￥7,000 で販売し、代金を現金で受け取った。

すでに仕入れて、手許にある商品を販売した場合には、受け取った８個分の商品の販売代金のすべてを**売上勘定（収益の勘定）の増加**として処理します[04]。

(借) 現　金	56,000	(貸) 売　上	56,000

(3)決算時

例 1-3

決算になり、未販売の商品が２個（@￥5,000）残っていた。

三分法の場合には、決算のときに当年度の商品販売益[05] を計算しなければなりません。商品販売益とは、売上高から**売上原価**（当期に売上げた商品の仕入原価[06]）を差し引いて計算する利益です。

なお、売上原価を算定するために、未販売の２個の仕入原価￥10,000（@￥5,000 × ２個）を仕入勘定から減らし繰越商品勘定（資産の勘定）の借方に振り替えます。

(借) 繰越商品	10,000	(貸) 仕　入	10,000

このように処理することで、仕入勘定には当期に販売した８個の商品の仕入原価￥40,000（@￥5,000 × ８個）が残ります[07]。この金額が売上原価となります。

なお、当期の商品販売益は売上勘定￥56,000 と売上原価￥40,000 との差額として計算します[08]。

商品販売益の計算　￥56,000 －（￥50,000 － ￥10,000）＝ ￥16,000
（￥56,000：売上勘定、（￥50,000 － ￥10,000）：仕入勘定(売上原価)）

03) 商品自体の代金以外に必要となる、運送料、保険料、引取手数料などの費用を「付随費用」といいます。

04) このときに販売した商品の原価の把握は必要ありません。

05) 売上総利益や粗利(あらり)ともいいます。

06) 仕入勘定の￥50,000 は 10 個分の仕入原価を示しています。売上原価となるのは売れた８個分の仕入原価￥40,000（@￥5,000 × 8個）であることに注意してください。

07) 仕入高の￥50,000 から繰越商品の￥10,000 を差し引いた金額です。

仕　入	
10個 仕入原価 50,000	未販売 10,000（2個）
	売上原価 40,000

08) 三分法では決算になり、期末の未販売商品の処理をしないと、売上原価と商品販売益の計算ができない、ということになります。

これを図で示すと、次のようになります。

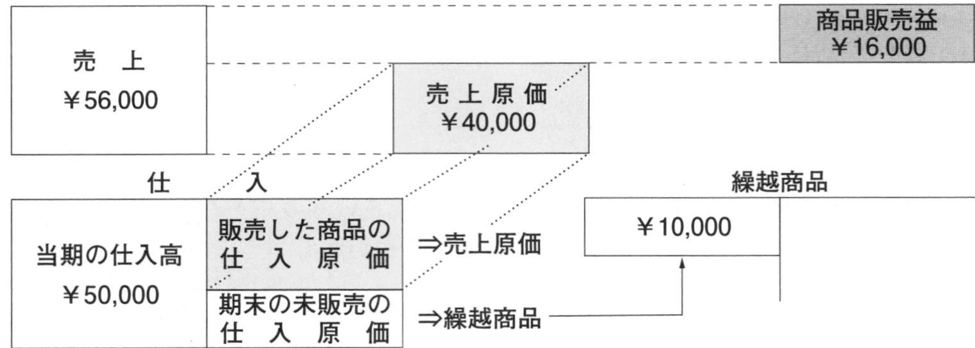

三分法の処理　**次の連続した取引について仕訳をしなさい。**

(1)　商品10個を@¥20,000で仕入れ、代金¥200,000は小切手を振り出して支払った。

(2)　上記商品のうち8個を@¥23,000で売り上げ、代金¥184,000は先方振出しの小切手で受け取った。

(3)　本日、決算につき、上記商品の未販売分を、仕入勘定から繰越商品勘定へ振り替えた。

(1)	(借) 仕　入	200,000	(貸) 当 座 預 金	200,000
(2)	(借) 現　金	184,000	(貸) 売　上	184,000
(3)	(借) 繰 越 商 品	40,000	(貸) 仕　入	40,000

(1)「小切手を振り出して…」　→当座預金を減らします。

(2)「先方振出しの小切手…」　→現金を増やします。

(3)　未販売の商品（期末商品）：@¥20,000 ×（10個 − 8個）＝¥40,000

Section 1 のまとめ

☆三分法とは、商品売買取引について「仕入」、「売上」、「繰越商品」の3つの勘定を用いて処理する方法。

○仕入時　(借) 仕　入 ×××　(貸) 現　金 ×××

○売上時　(借) 現　金 ×××　(貸) 売　上 ×××

○決算時　(借) 繰 越 商 品 ×××　(貸) 仕　入 ×××

☆三分法では「繰越商品の計上」、「売上原価の計算」、「商品販売益の計算」をするのは決算のときだけ。

掛取引（かけとりひき）

重要度レベル ★★★★☆

はじめに

仕入先の松山商店からは、日常的に多くの商品を仕入れています。今までは商品を仕入れるたびに現金で支払っていましたが、毎日のように現金を用意して商品を仕入れるのは、とても大変なことです。
そこで、「代金を月末にまとめて精算させてもらえませんか？」と松山商店に提案したところ、了承を得ることができました。このように、取引の都度支払いをせずに、後日まとめて支払いをする場合の処理のしかたをみていきましょう。

1 掛取引とは

上記のように、商品を売買する時点では代金を精算せず、一定期間の取引額を合計し、まとめて精算する取引を「掛取引（かけとりひき）」といいます。掛取引にすると、商品の購入や販売のたびに現金で精算するという手間を省くことができます。

掛けで商品を仕入れるということは、商品代金を仕入先に一時的に借りていることになるので、負債の勘定である買掛金（かいかけきん）勘定を用いて処理します。

「お代はツケておいて」などといいますが、これは「後で払います」というのと同じ意味ですね。つまりツケ＝掛けと覚えてください。

2 掛仕入の処理

掛仕入の処理では、⑴商品を掛けで仕入れたとき、⑵掛代金を支払ったとき、の２つに分けて処理を考えます。

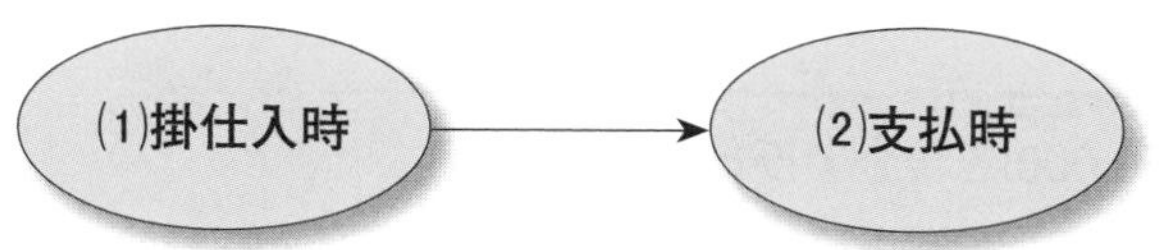

⑴掛仕入時

例2-1

松山商店より１個あたり￥5,000の商品10個を掛けで仕入れた。

商品を掛けで仕入れた場合は、**買掛金勘定（負債の勘定）の増加**として処理します。これは期日に仕入代金￥50,000を支払う義務が生じるためです。

（借）	仕入	50,000	（貸）	買掛金	50,000

「商品を仕入れたけど、代金は後で支払います」というのですから、買掛金は負債です。

⑵支払時（決済時）

例2-2

買掛金の支払期日となり￥50,000を現金で支払った。

支払期日となり、掛代金を支払った場合には**買掛金勘定の減少**として処理します。

（借）	買掛金	50,000	（貸）	現金	50,000

3 掛売上の処理

では逆に、商品を掛けで売り上げた、仕入先・松山商店側の処理はどのようになるのでしょうか。松山商店では商品の掛売上によって代金を期日に受け取る権利が生じるので、**売掛金勘定**（うりかけきん）**（資産の勘定）**を用いて処理します。

「商品を売ったけど、代金は後で受け取ります」というのですから、売掛金は資産です。

なお、(1)商品を掛けで売り上げたとき、(2)掛代金を受け取ったとき、の2つに分けて処理を考えます。

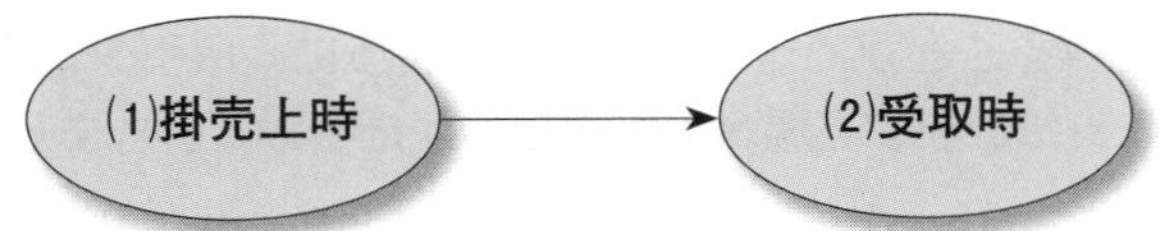

(1)掛売上時

商品を掛けで売り上げた場合に、**売掛金勘定（資産の勘定）の増加**として処理します。これは期日に、販売（売上）代金¥50,000を受け取ることができる権利が生じるためです。

例2-3

松山商店は、1個あたり¥4,000で仕入れた商品10個を、1個あたり¥5,000で販売し、代金は掛けとした。

(借) 売掛金[01)	50,000	(貸) 売上	50,000

01) @¥5,000 × 10個 ＝¥50,000

(2)受取時（決済時）

期日となり掛代金を現金で受け取った場合には、**売掛金勘定の減少**として処理します。

例2-4

松山商店は、得意先から売掛金¥50,000を現金で受け取った。

(借) 現金	50,000	(貸) 売掛金	50,000

掛取引の処理　**次の取引について大阪商店と長崎商店の仕訳をしなさい。**

6.12　大阪商店は長崎商店から商品￥500,000を仕入れ、代金は掛けとした。

6.30　月末につき、大阪商店は長崎商店に今月分の掛代金￥500,000を小切手を振り出して支払った。

大阪商店の仕訳

6.12	（借）	仕　　入	500,000	（貸）	買　掛　金	500,000
6.30	（借）	買　掛　金	500,000	（貸）	当 座 預 金	500,000

長崎商店の仕訳

6.12	（借）	売　掛　金	500,000	（貸）	売　　上	500,000
6.30	（借）	現　　金	500,000	（貸）	売　掛　金	500,000

▶ビジネス界の慣例は掛取引◀

学生時代には気づかないことですが、実際に会社で働いてみると「通常が掛取引」であることに気づきます。

たとえば、私たちが日々、買い物で立ち寄るコンビニエンスストア。

私たちがお客として買い物をするときは、現金や電子決済などでその都度支払いをします。

しかし、コンビニエンスストアが商品を購入（仕入）するときはどうでしょうか？

配送センターから商品が届くたびに現金で精算していたのでは、商品のチェックと計算だけで大変です。

したがって、通常は掛けで取引をしています。たとえば1カ月などと期間で区切って、月末に1カ月間の仕入品、返品などを考慮して計算し、その翌月末に現金で支払うなどのルールを決めて、精算しているのです（この場合は月末締めの翌月末現金払いといいます）。

ビジネスでは「通常が掛取引」と、把握しておきましょう。

Section 2 のまとめ

☆掛取引……商品を売買する時点では代金を精算せず、まとめて精算する取引

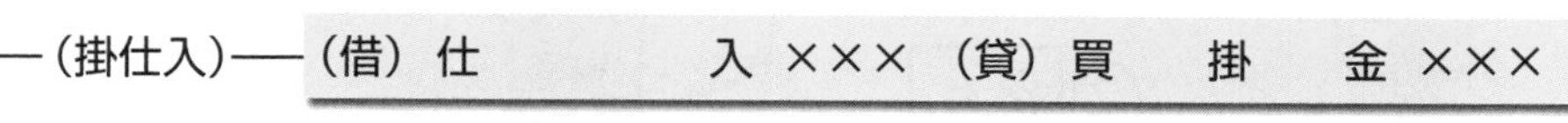

（掛仕入）──（借）仕　　入 ×××（貸）買　掛　金 ×××

（掛売上）──（借）売　掛　金 ×××（貸）売　　上 ×××

返品（へんぴん）

重要度レベル ★★★☆☆

はじめに

「あっ！キズが付いてるじゃないか」
仕入先の松山商店に注文し、送られてきた商品を検品したところ、そのうちのいくつかにキズが付いていました。松山商店にそのことを連絡し、キズのある商品は返品することにしました。
この場合にはどのような処理を行うのでしょうか？

1 前提となる取引

返品には、その前提となる商品売買取引があります。

例3-1
松山商店より商品 10 個（@￥5,000）を掛けで仕入れた。

（借）仕　入	50,000	（貸）買 掛 金	50,000

2 返品（仕入戻し時の処理）

返品とは、仕入れた商品を、品違い、汚れ、破損などの理由で、仕入先に返すことです。商品を返品した場合には、**仕入勘定の減少として処理**します。なぜなら、返品はその商品の仕入取引を取り消すことになるためです。

返品は仕入の正反対の取引です。そのため、返品では仕入の逆仕訳を行います。

例3-2
松山商店より掛けで仕入れた商品 10 個（@￥5,000）のうち 1 個を返品した（ただし三分法による）。

なお、返品した商品の代金￥ 5,000 は、仕入先に支払う必要がないので**この金額は買掛金から差し引きます**[01]。

（借）買 掛 金	5,000	（貸）仕　入	5,000

01) ここでは、掛取引で仕入れた商品を返品しているためです。現金で仕入れた商品の場合は、返金などの対応も考えられます。

申し訳ありません！
Tシャツたのんだのに
Yシャツ来たんだけど
①仕入
②返品

3 返品（売上戻り時の処理）

では逆に、販売側である仕入先、松山商店の処理はどのようになるのでしょうか。

販売側の松山商店は、返品を受け入れた場合には**売上の減少**として処理します。

返品は売上の正反対の取引です。そのため、返品では売上の逆仕訳を行います。

例3-3

掛けで販売した商品10個（@¥5,000）のうち1個について返品を受けた（ただし三分法による）。

返品された商品の代金¥5,000は回収できないので、**この金額は売掛金から差し引きます**[01]。

(借) 売　　上	5,000	(貸) 売 掛 金	5,000

01) ここでは、掛取引で販売した商品が返品されているためです。現金で販売した商品の場合は、返金などの対応も考えられます。

返品の処理 **次の取引について、静岡商店と愛知商店の仕訳を行いなさい。**

静岡商店は、さきに愛知商店から掛けで仕入れた商品のうち¥10,000が品違いであったため返品した。

静岡商店の仕訳

(借) 買 掛 金	*10,000*	(貸) 仕　　入	*10,000*

愛知商店の仕訳

(借) 売　　上	*10,000*	(貸) 売 掛 金	*10,000*

Section 3 のまとめ

返　品……仕入れた商品を、仕入先に返すこと。あるいは、販売した商品が、得意先から戻されること。

	仕 入 側	販 売 側
返　品	(借) 買掛金×××(貸) 仕　入×××	(借) 売　上×××(貸) 売掛金×××

※掛取引を前提とした返品の仕訳。

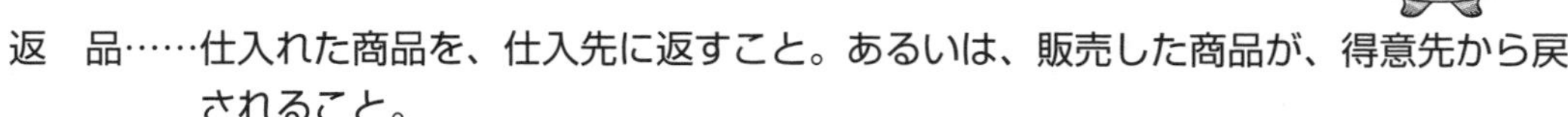

▶簿記のルール①　行為（取引）が逆なら仕訳も逆◀

「仕入れる」という行為の逆の行為は、「販売する」ではなくて、「仕入れた商品を返品する」という行為になります。

簿記の仕訳は、行為（取引）を映し出したものですから、"行為が逆なら仕訳も逆"になります。

ここで学んだ返品の仕訳を見てください。

購入側も販売側も、仕入時・売上時の貸借逆の仕訳をしています。

考えてみれば、10個仕入れて1個返品すれば、最初から9個仕入れたのと同じですね。

"行為が逆なら仕訳も逆"と、把握しておきましょう。

商品売買に係る帳簿

重要度レベル ★★★★★

はじめに

商売をするうえで最も頻繁に行われる取引は、商品の仕入や売上に関する取引です。掛で商品を仕入れたら、商品の在庫管理の他に、仕入先ごとに購入代金を正しく支払うために、買掛金を管理しなければなりません。また、掛で商品を売り上げたら、得意先ごとに販売代金を正しく請求するために、売掛金も管理しなければなりません。ここでは、商品売買について管理するための帳簿についてみていきましょう。

1 全体像

商品は、購入状況を管理する仕入帳、販売状況を管理する売上帳、さらに在庫状況を管理する商品有高帳で管理されます。また、売上債権については売掛金元帳、仕入債務については買掛金元帳をつけて管理します。

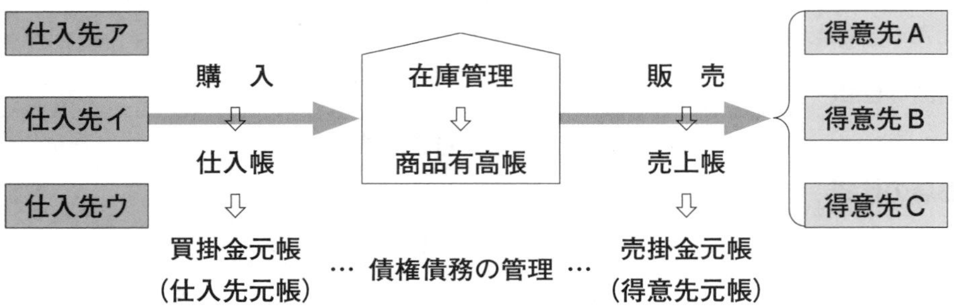

2 仕入帳と買掛金元帳（仕入先元帳）

仕入帳とは、仕入取引の明細について記録するために設けられる帳簿です。

買掛金元帳[01] とは、仕入先ごとの買掛金の内訳を記入するための帳簿です。

仕入帳および買掛金元帳を設けることで、仕入取引に関連する記録を適切に管理することができます。

01）仕入先元帳ともいい、仕入先ごとに分けられた買掛金勘定のイメージです。なお、様式は残高式の総勘定元帳と同じです。

例4-1

以下の取引にもとづき、仕入帳と買掛金元帳（福岡商店）に記入した。

8月1日　買掛金の前月繰越が¥200（福岡商店に対するもの）ある。

2日　福岡商店から、商品甲20個を@¥100で仕入れ、代金は掛けとした。

3日　2日に仕入れた商品甲のうち2個を返品した。なお、代金は同店に対する買掛金から差し引いた。

17日　山口商店から、商品甲20個を@¥90で仕入れ、代金は現金で支払った。

26日　福岡商店から商品甲30個を@¥110で仕入れ、代金は掛けとした。

29日　福岡商店に対する買掛金¥2,000を現金で支払った。

各取引の仕訳は次のようになります。

8月 2日	(借)	仕入	2,000	(貸)	買掛金	2,000
3日	(借)	買掛金	200	(貸)	仕入	200
17日	(借)	仕入	1,800	(貸)	現金	1,800
26日	(借)	仕入	3,300	(貸)	買掛金	3,300
29日	(借)	買掛金	2,000	(貸)	現金	2,000

❸返品は朱記

仕　入　帳

×年		摘	要	金　額
8	2	福岡商店	掛け	
		甲商品　20 個	@¥100	2,000
	3	福岡商店	掛戻し	
		甲商品　2個	@¥100	200
	17	山口商店	現金[02]	
		甲商品　20 個	@¥90	1,800
	26	福岡商店	掛け	
		甲商品　30 個	@¥110	3,300
	31		総仕入高	7,100
			仕入戻し高	200
			純仕入高	6,900

❶仕入先名と支払い条件を記入

❷品名・数量単価を記入

❹いったん総仕入高を記入（返品は差し引かない！）

❺返品をまとめて記入（朱記）

❻最後は純仕入高になる

02）現金で支払った場合、債務として買掛金を管理する必要がないため、買掛金元帳には記入しません。

❶仕入先の商店名を記入

❷残高の貸借を記入
買掛金は負債項目であるため、常に「貸」と記入

買掛金元帳
福岡商店

×年		摘　要	借　方	貸　方	借／貸	残　高
8	1	前月繰越		200	貸	200
	2	掛仕入		2,000	〃	2,200
	3	仕入戻し	200		〃	2,000
	26	掛仕入		3,300	〃	5,300
	29	買掛金の支払い	2,000		〃	3,300
	31	次月繰越	3,300			
			5,500	5,500		
9	1	前月繰越		3,300	貸	3,300

❸次月繰越の行は朱記

3 売上帳と売掛金元帳（得意先元帳）

売上帳とは、売上取引の明細について記録するために設けられる帳簿です。

売掛金元帳[01]とは、得意先ごとの売掛金の内訳を記入するための帳簿です。

売上帳および売掛金元帳を設けることで、売上取引に関連する記録を適切に管理することができます。

01）得意先元帳ともいいます。得意先ごとに分けられた売掛金勘定というイメージです。なお、様式は残高式の総勘定元帳と同じです。

売上帳の基本的な記入方法は仕入帳と同様です。ただし、売上帳は売価で記入されます。

02）現金で販売した場合、債権として売掛金を管理する必要がないため、売掛金元帳には記入しません。

例4-2

以下の取引と売上帳にもとづき、売掛金元帳（京都商店・札幌商店）に記入した。

8月1日　売掛金の前月繰越が￥400（京都商店￥250、札幌商店￥150）ある。

売　上　帳

×年		摘　要		金　額
8	12	京都商店	現金[02]	
		甲商品　15個	@￥140	2,100
	20	札幌商店	掛け	
		甲商品　10個	@￥150	1,500
	22	京都商店	掛け	
		甲商品　15個	@￥150	2,250
	24	京都商店	掛戻り	
		甲商品　1個	@￥150	150
	28	札幌商店	掛け	
		甲商品　24個	@￥150	3,600
			総売上高	9,450
			売上戻り高	150
			純売上高	9,300

30日　京都商店に対する売掛金￥2,000を現金で回収した。

31日　札幌商店に対する売掛金￥1,650を現金で回収した。

各取引の仕訳は次のようになります。

8月12日	（借）	現　　金	2,100	（貸）	売　　上	2,100
20日	（借）	売掛金（札幌商店）	1,500	（貸）	売　　上	1,500
22日	（借）	売掛金（京都商店）	2,250	（貸）	売　　上	2,250
24日	（借）	売　　上	150	（貸）	売掛金（京都商店）	150
28日	（借）	売掛金（札幌商店）	3,600	（貸）	売　　上	3,600
30日	（借）	現　　金	2,000	（貸）	売掛金（京都商店）	2,000
31日	（借）	現　　金	1,650	（貸）	売掛金（札幌商店）	1,650

❶得意先の商店名を記入

❷残高の貸借を記入
売掛金は資産項目であるため、残高は常に「借」と記入

売掛金元帳

京都商店

×年		摘　要	借　方	貸　方	借／貸	残　高
8	1	前月繰越	250		借	250
	22	掛売上	2,250		〃	2,500
	24	返品		150	〃	2,350
	30	売掛金の回収		2,000	〃	350
	31	次月繰越		350		
			2,500	2,500		
9	1	前月繰越	350		借	350

売掛金元帳

札幌商店

×年		摘　要	借　方	貸　方	借／貸	残　高
8	1	前月繰越	150		借	150
	20	掛売上	1,500		〃	1,650
	28	掛売上	3,600		〃	5,250
	31	売掛金の回収		1,650	〃	3,600
	〃	次月繰越		3,600		
			5,250	5,250		
9	1	前月繰越	3,600		借	3,600

4 売掛金勘定と売掛金元帳の関係

売掛金元帳は、もともと各商店の売掛金の内訳を記入するものですから、売掛金勘定の残高と売掛金元帳の各商店の残高の合計は必ず一致します[01]。例4-2の数値で確認しましょう。

01) 買掛金勘定と買掛金元帳との間にも同じ関係があります。

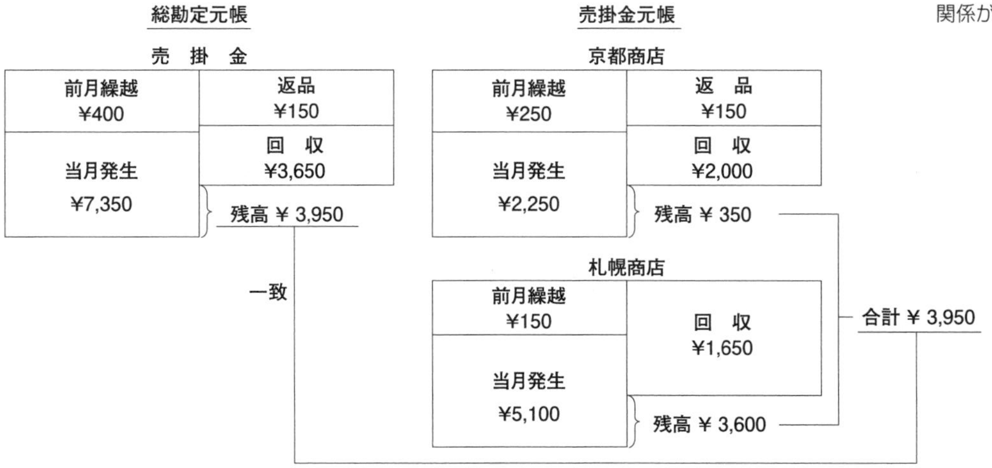

総勘定元帳

売掛金

借方	貸方
前月繰越 ¥400	返品 ¥150
当月発生 ¥7,350	回収 ¥3,650
	残高 ¥3,950

売掛金元帳

京都商店

借方	貸方
前月繰越 ¥250	返品 ¥150
当月発生 ¥2,250	回収 ¥2,000
	残高 ¥350

札幌商店

借方	貸方
前月繰越 ¥150	回収 ¥1,650
当月発生 ¥5,100	残高 ¥3,600

合計 ¥3,950

一致

5 商品有高帳

商品有高帳（しょうひんありだかちょう）とは、商品の仕入・販売のたびに、その数量・単価・金額を記録して、常に商品の在庫状況を明らかにするための帳簿です。

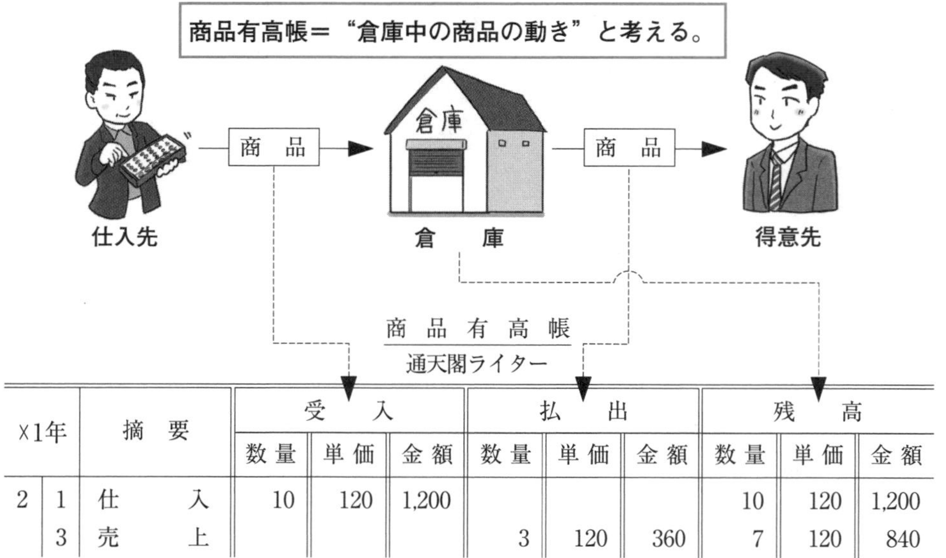

×1年		摘　要	受入 数量	受入 単価	受入 金額	払出 数量	払出 単価	払出 金額	残高 数量	残高 単価	残高 金額
2	1	仕　入	10	120	1,200				10	120	1,200
	3	売　上				3	120	360	7	120	840

払出単価の計算は、**先入先出法**[01]により行います。先入先出法とは、先に仕入れた商品から順に販売したものとして記帳する方法です。

01）他に、移動平均法などの方法もあります。（全経３級では試験範囲外です）

したがって、先入先出法では月末に在庫として残るのは、新しく仕入れたものということになります。

また、返品がある場合には、商品有高帳には次のように記入します。

◆返品の記入方法

仕入戻し…いったん受け入れた商品を返すので、商品有高帳の**払出欄**に記入します。

売上戻り…いったん払い出した商品が戻ってくるので、商品有高帳の**受入欄**に記入（ただし、**原価で**）します。

❷売上戻りを記入　　❶仕入戻しを記入

商　品　有　高　帳

通天閣ライター

×1年		摘　要	受入 数量	受入 単価	受入 金額	払出 数量	払出 単価	払出 金額	残高 数量	残高 単価	残高 金額
10	1	前月繰越	8	125	1,000				8	125	1,000
	4	売　上				6	125	750	2	125	250
	6	売上戻り	1	125	125				3	125	375

例4-3

例4-1、**例4-2**の取引に基づき、商品有高帳を作成しなさい。なお、商品甲の前月繰越は￥550（5個×@￥110）である。

❶商品を仕入れたときに記入　❷商品を販売したときに記入[02)]　❸その時点での在庫を記入　❹仕入単価が異なれば分けて記入

商　品　有　高　帳

商　品　甲

×1年		摘　要	受入			払出			残高		
			数量	単価	金額	数量	単価	金額	数量	単価	金額
8	1	前月繰越	5	110	550				5	110	550
	2	仕入	20	100	2,000				{5	110	550 ←古いもの
									20	100	2,000 ←新しいもの
	3	仕入戻し				2	100	200	{5	110	550
									18	100	1,800
	12	売上				{5	110	550			
						10	100	1,000	8	100	800
	17	仕入	20	90	1,800				{8	100	800
									20	90	1,800
	20	売上				{8	100	800			
						2	90	180	18	90	1,620
	22	売上				15	90	1,350	3	90	270
	24	売上戻り	1	90	90				4	90	360
	26	仕入	30	110	3,300				{4	90	360
									30	110	3,300
	28	売上				{4	90	360			
						20	110	2,200	10	110	1,100
	31	払出合計[04)]				66		6,640			
	〃	次月繰越				10	110	1,100			
			76		7,740	76		7,740			
9	1	前月繰越	10	110	1,100				10	110	1,100

❺カッコを付けて1つの取引や、1時点の在庫であることを示す[03)]　❻売上原価となる　❼月末の在庫を記入（朱記）　❽必ず一致させる　❾払出欄に記入した次月繰越と同じことを記入

先入先出法では商品の単価が違う場合、先に仕入れた商品を上に、後から仕入れた商品を下に、分けて記入し、同時点の取引や在庫であることを示すためカッコでくくります[03)]。

また、月末に商品有高帳を締切るさいには、受入欄と払出欄の金額を一致させるために、月末の残高欄の個数や金額を次月繰越として払出欄に記入して締切ります。

02) 売価ではなく、原価で記入します。

03) 管理上、以下のように合計数量を示しておくべきですが、試験問題では、通常、カッコのみを記入しています。

25	{5
	20

04) 本来はこのように、当月の払出合計を記入すべきですが、記入しない形式もあります。本試験では払出合計の行は記入せず、直下に次月繰越を記入します。問題集や過去問題で確認しておいて下さい。

商品売買に係る帳簿　**次のＡ商品に関する取引につき、先入先出法によって商品有高帳に記入し、締め切りなさい。**

8月4日　三陸商店からＡ商品を@￥700で100個仕入れ、代金は掛けとした。
　10日　茨城商店にＡ商品を@￥850で180個売り渡し、代金は掛けとした。
　13日　三陸商店からＡ商品を@￥720で200個仕入れ、代金は掛けとした。
　19日　山梨商店にＡ商品を@￥860で150個売り渡し、代金は掛けとした。
　27日　三陸商店からＡ商品を@￥720で100個仕入れ、代金は掛けとした。

商 品 有 高 帳

Ａ 商 品

×1年		摘　要	受入			払出			残高		
			数量	単価	金額	数量	単価	金額	数量	単価	金額
8	1	前月繰越	150	680	102,000				150	680	102,000

商 品 有 高 帳

Ａ 商 品

×1年		摘　要	受入			払出			残高		
			数量	単価	金額	数量	単価	金額	数量	単価	金額
8	1	前月繰越	150	680	102,000				150	680	102,000
	4	仕　入	100	700	70,000				150	680	102,000
									100	700	70,000
	10	売　上				150	680	102,000			
						30	700	21,000	70	700	49,000
	13	仕　入	200	720	144,000				70	700	49,000
									200	720	144,000
	19	売　上				70	700	49,000			
						80	720	57,600	120	720	86,400
	27	仕　入	100	720	72,000				220	720	158,400
	31	払出合計				330		229,600			
	〃	次月繰越				220	720	158,400			
			550		388,000	550		388,000			

Section 4 のまとめ

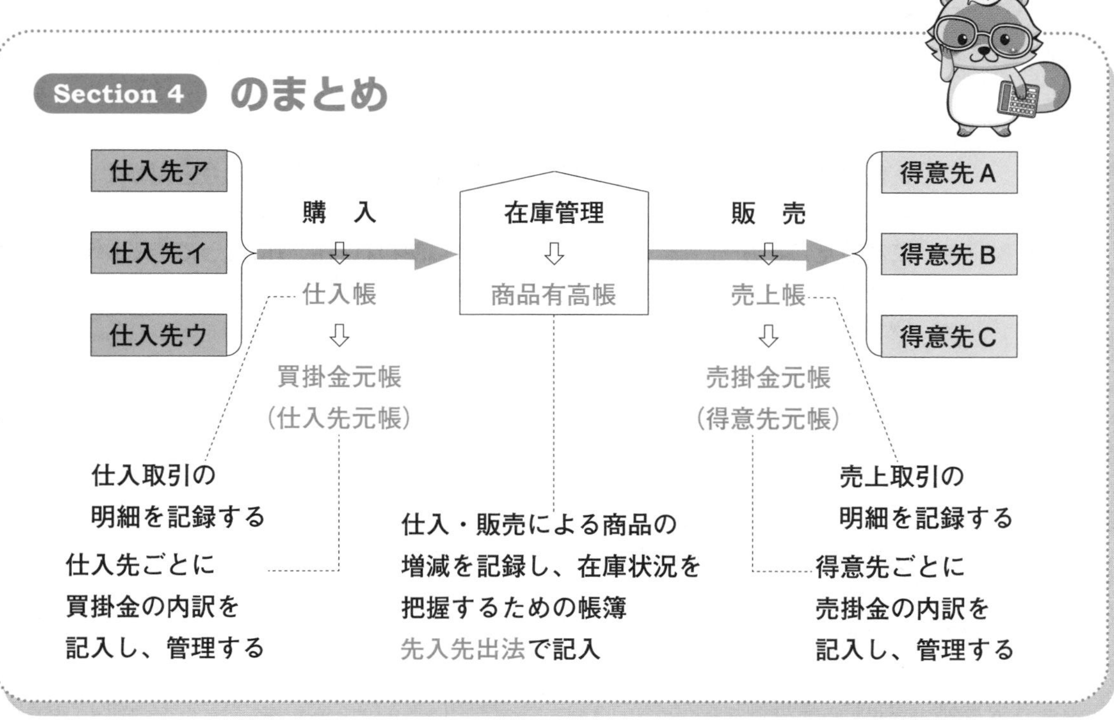

▶簿記のルール②　逆のものを朱記する◀

Chapter 4では、売上帳と仕入帳を学び、そこで朱記（赤字記入）という話が出てきました。簿記で朱記するということには、「貸借を逆に書いていますよ」という意味があります。

売上帳は売上（つまり貸方）の、仕入帳は仕入（借方）の明細を示す帳簿です。

その中で、返品はそのマイナスの取引（貸借逆側に記入される取引）になるので、これを朱記で表すのです。

この他、朱記するものとしては、資産や負債の勘定の次期繰越、精算表・損益計算書欄の当期純利益があげられますが、いずれも「貸借を逆に書いていますよ」ということを意味しています。

現　　金

前期繰越	100	仕　　入	700
売　　上	900	次期繰越	300
	1,000		1,000
前期繰越	300		

現金は資産ですから、その残高は常に借方にあります。この場合も期末残高は、本来借方に300円残っているものです。しかし次期に繰り越すにあたって貸借の金額をあわせるため、あえてそれを貸方に記入しています。ですから「貸借を逆に書いていますよ」と表すために朱記しているのです。

試験では、赤ペンの持込みは禁止されていて、本来朱記すべき箇所も黒で記入するのですが、意味を知っておくと理解がしやすくなるでしょう。

Section 5

売上原価対立法（うりあげげんかたいりつほう）

重要度レベル ★★★☆☆

はじめに

大量処理に適した三分法ですが、「決算にならないと利益がわからない」という欠点があります。IT 化が進んだことにより、販売した商品の原価もすぐわかるようになったことから、売上原価対立法も多く使われるようになってきています。売上原価対立法は商品有高帳と併せて出題される可能性もあるので、しっかりと学習しておきましょう。

1 売上原価対立法とは

売上原価対立法とは、商品を仕入れたときは**商品勘定**の借方に原価で記入し、これを販売したときは**売上勘定**の貸方に売価で記入するとともに、その商品の原価を**商品勘定**から**売上原価勘定**に振り替える方法をいいます。

商　品

期首商品原価	（販売時） 売上原価
（購入時） 当期仕入原価	
	期末商品原価

→

売上原価

（販売時） 売上原価	

2 商品売買の処理

(1)仕入時

例5-1
商品￥8,000（原価）を掛けで仕入れた。

商品勘定の借方に原価で記入します。

（借）	商　　品	8,000	（貸）	買　掛　金	8,000

(2)仕入戻し時

例5-2
商品￥250 を仕入先に返品し、掛け代金と相殺した。

仕入戻しを行ったときは、商品勘定の貸方に記入します。

（借）	買　掛　金	250	（貸）	商　　品	250

(3)販売時

例5-3
商品￥6,300（原価）を￥9,000 で掛けで売り上げた。

販売時には、**売上の計上とともに、商品の原価を商品勘定から売上原価勘定に振り替え**ます。

（借）	買　掛　金	9,000	（貸）	売　　上	9,000
（借）	売上原価	6,300	（貸）	商　　品	6,300

⑷売上戻り時

例5-4

得意先から商品（売価￥500、原価￥350）が返品され、掛け代金と相殺した。

販売した商品が返品されたときは、販売時の逆仕訳を行います。

（借）	売　　上	500	（貸）	売　掛　金	500
（借）	商　　品	350	（貸）	売 上 原 価	350

⑸決算時

例5-5

決算にあたり、期末商品は￥1,800である。

売上原価勘定は取引の都度、仕訳が行われ計上されているため、常に売上に対する売上原価が計上されています。また、商品勘定の残高も商品の増減に合わせて変動するため、三分法のように決算整理を行う必要はありません。

仕　訳　な　し

それぞれの勘定をTフォームで表すと、次のようになります。

商　　品

借方		貸方	
(1)	8,000	(2)	250
(4)	350	(3)	6,300
		残高	1,800

売上原価

借方		貸方	
(3)	6,300	(4)	350
		残高	5,950

売　　上

借方		貸方	
(4)	500	(3)	9,000
残高	8,500		

Q Try it 例題

売上原価対立法の処理

次の商品甲に関する取引につき、売上原価対立法によって仕訳を示すとともに商品勘定への記入を行いなさい（勘定には相手勘定科目、金額を記入すること）。

なお、8月1日の商品甲の前月繰越高は、5個（@￥110）であり、原価の計算は先入先出法を用いている。

8月2日　福岡商店から、商品甲20個を@￥100で仕入れ、代金は掛けとした。
3日　2日に仕入れた商品甲のうち2個を返品した。なお、代金は同店に対する買掛金から差し引いた。
12日　京都商店に対し、商品甲15個を@￥140で販売し、代金は現金で受け取った。
17日　山口商店から、商品甲20個を@￥90で仕入れ、代金は現金で支払った。
20日　札幌商店に対し、商品甲10個を@￥150で販売し、代金は掛けとした。
22日　京都商店に対し、商品甲15個を@￥150で販売し、代金は掛けとした。
24日　京都商店に対し、22日に販売した商品につき、品違いのため1個が返品された。なお、代金は同店に対する売掛金から差し引いた。
26日　福岡商店から商品甲30個を@￥110で仕入れ、代金は掛けとした。
28日　札幌商店に対し、商品甲24個を@￥150で販売し、代金は掛けとした。

商　品

日付	摘要	金額	日付	摘要	金額
8/ 1	前 月 繰 越	550	8/ 3	（　　　）	
2	（　　　）		12	（　　　）	
17	（　　　）		20	（　　　）	
24	（　　　）		22	（　　　）	
26	（　　　）		28	（　　　）	
			31	次 月 繰 越	

8月2日	(借) 商　　品	2,000	(貸) 買 掛 金	2,000
3日	(借) 買 掛 金	200	(貸) 商　　品	200
12日	(借) 現　　金	2,100	(貸) 売　　上	2,100
	(借) 売上原価	1,550	(貸) 商　　品	1,550
17日	(借) 商　　品	1,800	(貸) 現　　金	1,800
20日	(借) 売 掛 金	1,500	(貸) 売　　上	1,500
	(借) 売上原価	980	(貸) 商　　品	980
22日	(借) 売 掛 金	2,250	(貸) 売　　上	2,250
	(借) 売上原価	1,350	(貸) 商　　品	1,350
24日	(借) 売　　上	150	(貸) 売 掛 金	150
	(借) 商　　品	90	(貸) 売上原価	90
26日	(借) 商　　品	3,300	(貸) 買 掛 金	3,300
28日	(借) 売 掛 金	3,600	(貸) 売　　上	3,600
	(借) 売上原価	2,560	(貸) 商　　品	2,560

商　品

8/ 1	前月繰越	550	8/ 3	買 掛 金	200
2	買 掛 金	2,000	12	売上原価	1,550
17	現　　金	1,800	20	売上原価	980
24	売上原価	90	22	売上原価	1,350
26	買 掛 金	3,300	28	売上原価	2,560
			31	**次月繰越**	1,100

解説

本問は、商品売買に係る帳簿 **例4-1** **例4-2** **例4-3** の取引と同じものになっています。

資料のない状態で本問のような問題を解答するときは、計算用紙などに次のような商品の動きを把握するための図を作成してまとめると、金額が把握しやすくなります。

商　品（甲）

前月繰越	5個　@¥110	2個　@¥100	3日仕入戻し
2日仕入	20個　@¥100	5個　@¥110 10個　@¥100	12日売上　15個 売価　@¥140
		8個　@¥100 2個　@¥ 90	20日売上　10個 売価　@¥150
17日仕入	20個　@¥ 90	15個　@¥ 90	22日売上　15個 売価　@¥150
24日売上戻り	1個　@¥ 90	3個　@¥ 90 1個　@¥ 90 20個　@¥110	28日売上　24個 売価　@¥150
26日仕入	30個　@¥110	10個　@¥110	次月繰越

Section 5 のまとめ

売上原価対立法による取引の仕訳（掛取引による）

	仕 入 側	販 売 側
売　買	(借) 商　品 ××× (貸) 買掛金 ×××	(借) 売掛金 ××× (貸) 売　上 ××× (借) 売上原価 ×× (貸) 商　品 ××
返　品	(借) 買掛金 △△ (貸) 商　品 △△	(借) 売　上 △△ (貸) 売掛金 △△ (借) 商　品 △ (貸) 売上原価 △

商品勘定と売上原価勘定は取引の都度、増減の仕訳が行われるため、三分法のように決算整理を行う必要はありません。

Chapter 5

その他の収益と費用

Section1 **収益の受取り** 重要度レベル ★★★☆☆

Section2 **費用の支払い** 重要度レベル ★★★★☆

その他の収益・費用

収益と費用の代表はChapter 4で学習した、商品を販売して得られる「売上」とその販売した商品にかかった費用「売上原価」ですが、収益と費用はこれだけではありません。実際に商売をしていると利息の受取りや、水道・ガス・電気代の支払いなどほかにもたくさんあります。

これらの収益は受け取ったときに受け取った金額で、費用は支払ったときに支払った金額で計上するのが基本となります。後で学習する決算で金額の調整が必要となることもありますが、ここでは基本となる会計処理をおさえましょう。

収益の受取り

重要度レベル ★★★☆☆

はじめに

商品の販売によって「売上」という収益が得られますが、収益は「売上」だけではありません。ここでは、他にどのような収益があるのか、簡単にみておきましょう。

1 収益の勘定

受け取ったら返さなくていいものが収益でした。Chapter 1でも少しふれましたが、収益の勘定には次のようなものがあります。

収益の勘定

商品販売益：商品売買を分記法で記帳したときの、商品の販売価額と売上原価の差額による利益を処理する勘定[01)]

有価証券売却益：保有する他社発行の株式や社債、国債等を、取得原価よりも高い価格で売却したことにより得た利益[02)]

受取利息：他人に金銭を貸した場合や銀行の預金に対して生じる利息

雑益：決算時の現金実査などで、なぜかお金が増えてしまったときなどに使う[03)]

また、全経では基礎簿記会計の学習内容となっていますが、サービスの提供の対価として得る「役務収益」という収益もあります[04)]。

01）Chapter 9 Section 1の参考で学習します。

02）Chapter 9 Section 1で学習します。

03）Chapter 8 Section 4で学習します。

04）基礎簿記会計では「運送料収入」などの科目で出題されています。

例1-1

京都銀行の普通預金口座に利息￥100が付いた。

(借)	普通預金	100	(貸)	受取利息	100

Section 1 のまとめ

収益：受け取ったら返さなくていいもの

売上　有価証券売却益　受取利息　雑益　など

※ ○○益、受取○○という勘定科目が収益に該当する

費用の支払い

重要度レベル ★★★★☆

はじめに

もしも会社がテナントを借りて商売をしている場合、毎月家賃を支払わなければなりません。これは結構重い負担となります。これだけではなく、他にも給料や広告費など、商売をしているとさまざまな支払いが発生します。費用にはどのようなものがあるのでしょうか？

1 費用の勘定

払ったら返ってこないものが費用でした。Chapter 1でも少しふれましたが、費用の勘定には次のようなものがあります。

費用の勘定

- 通信費：電話代、インターネットの回線代、切手、ハガキなど通信にかかる費用
- 修繕費：こわれたものを修繕するための費用
- 保険料：火災保険料や、商品の流通にかける保険料など
- 雑費：その他のこまごました費用を一括りにしたもの
- 租税公課：会社の資産に課税された固定資産税や、収入印紙代などを処理する科目
- 雑損：決算時の現金実査などで、なぜかお金が減ってしまったときなどに使う[01)]

また、全経3級では次のような、必ずしも現金などの支払いをともなわずに計上する費用も学習します。

- 貸倒引当金繰入（額）：貸倒れ[02)]に備えて、決算時に、来期の貸倒額を見積もって引当金を計上するための当期の費用[03)]
- 貸倒損失：貸倒れによって生じた損失を処理する勘定[03)]
- 減価償却費：決算時に建物などの有形固定資産の、使用や時間の経過による価値の低下を費用として計上するための勘定[04)]
- 有価証券売却損：保有する他社発行の株式や社債、国債等を、取得原価よりも低い価格で売却したことによる損失[05)]

01) Chapter 8 Section 4で学習します。
02) 得意先の倒産により売掛金などが回収できなくなる事態のことを「貸倒れ」といいます。
03) Chapter11Section 3で学習します。
04) Chapter 9 Section 2で学習します。
05) Chapter 9 Section 1で学習します。

例2-1

ショーケースの修繕代金￥30,000を現金で支払った。

(借)	修繕費	30,000	(貸)	現金	30,000

例2-2

電気料¥5,000が普通預金口座から引き落とされた。

(借) 水道光熱費	5,000	(貸) 普通預金	5,000

Section 2 のまとめ

費用：払ったら返ってこないもの

売上原価　仕入　給料　広告費　貸倒引当金繰入（額）　貸倒損失　減価償却費

租税公課　支払家賃　雑費　支払利息　有価証券売却損　雑損など

※ ○○費、支払○○という勘定科目が費用に該当する

コラム　簿記を学ぶことの意味

「簿記の勉強をしてなにになるのだろう」って、思われたことはありませんか？

私自身、そういう疑問をもったこともありますし、事実、教室で講師をしている頃の一番困った質問でした。

確かにこの勉強を進めていくと、意思決定会計や連結会計、キャッシュ・フロー会計と、実務的に必要でかつ有用な知識がいっぱい入ってきます。

しかし、簿記の有用性はそれだけではなく、もっと初歩的なところにもあります。それは「仕訳」です。

仕訳というものは、さまざまな状況を定型化していく作業です。そしてそれは、簿記でいう取引だけでなく、日常のすべての事象で行えるものなのです。なんせ、仕訳は企業の日記なのですから。

たとえば、みなさんが「転んで怪我して血が出て痛かった」としましょう。

これも仕訳できます。

（借）痛　　い（費用）　×××　　（貸）血　　液（資産）　×××

血液というのは自分にとって必要不可欠な資産です。それを失って、痛いという費用になる。血液がいっぱい出れば痛みも大きい、少なければ痛みも少ないということを示しています。

この仕訳が自由に使えるようになれば、すべての状況を定型化して、それを使って足し算も引き算もできます。つまり、今みなさんが置かれている状況に"これがあったら"も"これさえなければ"も、そしてその後の状況も、すべてを想定していくことができるのです。

これができるようになること。それはその人の大きな武器になるものです。

この武器を、みなさんも是非、手に入れてください。

Chapter 6

決算の手続き(1)

Section1 **決算とは** 重要度レベル ★★★☆☆

Section2 **試算表の作成** 重要度レベル ★★★☆☆

決算ってなに？

「人生の総決算」などという使い方がされるように、「決算（けっさん）」という言葉には、「総まとめ」といった意味があります。

さて、総まとめをするにはどうすればいいのでしょうか。

まず、決算の基礎となる「期中に記入された帳簿が正しいかどうか」から確認しなければなりません。

次に、純利益を算定する手続きが必要になり、最後にそれを世間に公表するために見やすくする必要があります。

このChapterでは、決算の概略を見ておきましょう。

※このChapterは現段階でみなさんが理解しなければならないというものではありません。後々の学習の中で理解できるものですから、ここは軽く読み流しておいてください。

Section 1

決算とは

重要度レベル ★★★☆☆

はじめに

今年度の決算が近づいてきました。決算では今年度の１年間を振り返り、反省と締めくくりが必要となります。利益はいくらになったのでしょうか？この利益の額により税額も変わってきます。また、期首に比べたら資産も借入れも増えて、すっかりその内訳も変わっています。これらのことも明らかにする必要があります。
では、決算についてみていきましょう。

1 決算とは

ある会計期間（事業年度）の最後の日（決算日）に**その年度の経営成績を明らかにする**ために当期純損益を計算し、**決算日の財政状態を明らかにする**ために資産・負債・純資産（資本）の残高を計算する手続きを**決算**といいます[01]。

その結果は**損益計算書や貸借対照表**によって明らかにされます。

01）ここでいう決算は簿記上の手続きです。

2 決算の手続き

決算には次に示すように、**３つの手続き**があります[01]。

01）決算手続についてはその概略を知ることが大切です。

⑴決算予備手続

本格的な決算の準備として行われる手続き。

a. 総勘定元帳の各勘定口座が正しいかどうかを**試算表**によって確認します。
b. **間違い**を訂正します。
c. 決算のアウトラインを知るために**精算表**を作成します。

本Chapterでは決算予備手続のうち、試算表の作成をSection２で取り上げます。また、精算表の作成についてはChapter12で取り上げます。

⑵決算本手続

純利益の算定や帳簿の締切りなど、決算の一番主要な手続き。

a. **決算整理記入**を行います。
b. **決算振替記入**…収益・費用の諸勘定を**損益勘定**に集め、**当期純利益**を算定して締め切ります。
c. 各帳簿の**締切り**を行います。
d. **繰越試算表**を作成します。

決算本手続、決算報告手続については、Chaper11～12で取り上げます。

⑶決算報告手続

決算の結果を、損益計算書と貸借対照表によって外部に報告する手続き。

a. 損益勘定から**損益計算書**を作ります。

b. 繰越試算表から**貸借対照表**を作ります。

決算とは　次の文章の空欄に適当な語句を埋め、完成させなさい。

⑴　決算日に、その会計期間の（　ア　）を明らかにするために当期純損益を計算し、決算日の（　イ　）を明らかにするために資産・負債・純資産（資本）の残高を計算する手続きを（　ウ　）といい、その結果は損益計算書や（　エ　）によって明らかにされる。

⑵　決算の手続きには、決算（　オ　）手続・決算（　カ　）手続・決算（　キ　）手続の3つがある。

ア…経営成績、イ…財政状態、ウ…決算、エ…貸借対照表、オ…予備、カ…本、キ…報告

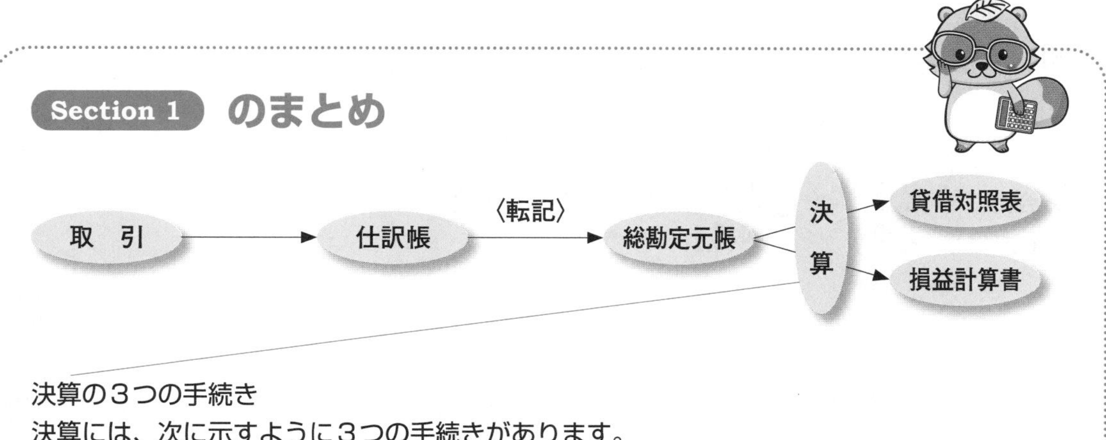

決算の3つの手続き

決算には、次に示すように3つの手続きがあります。

⑴決算予備手続＜準備＞	⇨	⑵決算本手続＜メイン＞	⇨	⑶決算報告手続＜報告＞
・試算表の作成 ・精算表の作成　など		・決算整理記入 ・決算振替記入 ・帳簿の締切り ・繰越試算表の作成		・損益計算書の作成 ・貸借対照表の作成

試算表の作成

（しさんひょう）

重要度レベル ★★★☆☆

はじめに

決算では、勘定口座の記録を元にして、損益計算書や貸借対照表を作成しますが、もし勘定口座の記録にミスがあると、途中で計算が合わなくなり、正しい損益計算書や貸借対照表を完成させることができません。
勘定口座への転記にミスがなかったかを確認するためには、試算表を作成してチェックする方法があります。
ここでは、各種の試算表についてみていきましょう。

1 試算表とは

決算にあたって[01]、総勘定元帳の**各勘定口座の記入に間違いがなかったかどうかを確認するために作成される計算表を試算表**といい、T / B（Trial Balance）と略されます。

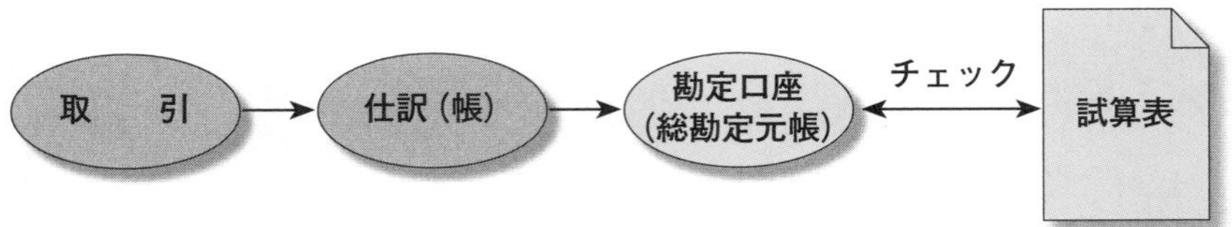

01）本書では、試算表は決算手続の準備段階で作成されるものという位置づけで説明していますが、そもそも勘定口座をチェックするためのものですから、必要があれば１日単位で作成したり月単位で作成したりしてもよいわけです。

2 試算表の種類と作成

試算表には、⑴**合計試算表**、⑵**残高試算表**、⑶**合計残高試算表**の３つの種類があります。
「**合計**」と「**残高**」の違いは、次のとおりです。

【例】

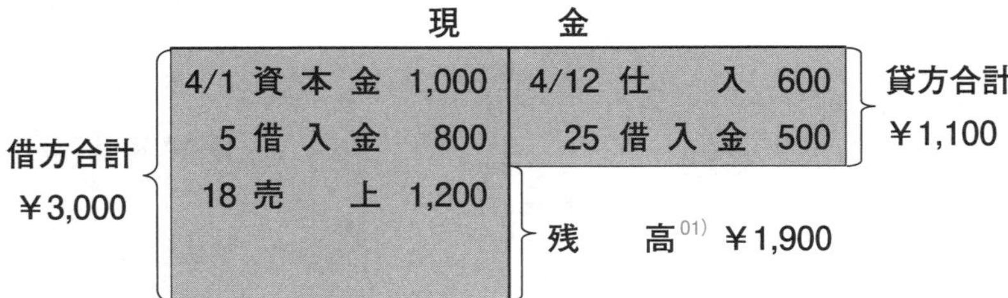

01）資産・費用に属する勘定では借方残高、負債・純資産（資本）・収益に属する勘定では貸方残高となります。

上記の現金勘定の**借方合計**は ¥3,000、**貸方合計**は ¥1,100 であり、**残高**は ¥1,900 です。

⑴合計試算表

各勘定口座の**借方の金額の合計と貸方の金額の合計**を記入して作成する試算表です。

◆合計試算表の作り方

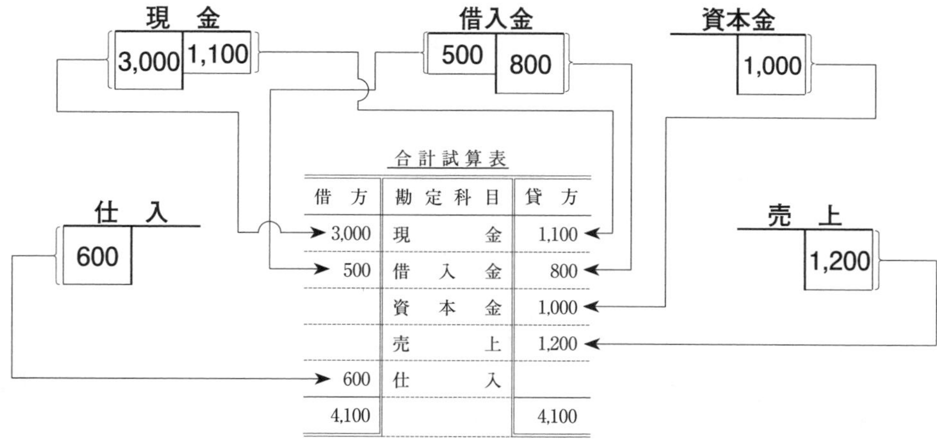

⑵残高試算表

各勘定口座の**残高**を借方または貸方に記入して作成する試算表です。

◆残高試算表の作り方

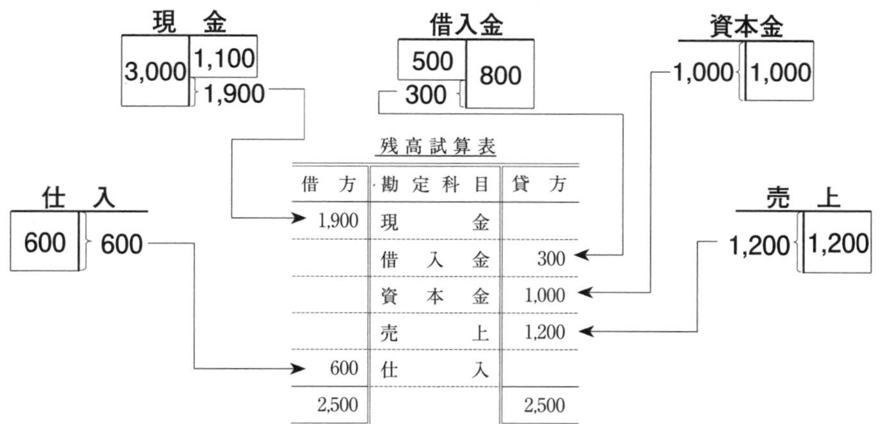

⑶合計残高試算表

合計試算表と残高試算表とをあわせた試算表です。

◆合計残高試算表の作り方

合　計　残　高　試　算　表

借方残高	借方合計	勘　定　科　目	貸方合計	貸方残高
1,900	3,000	現　　　　　金	1,100	
	500	借　　入　　金	800	300
		資　　本　　金	1,000	1,000
		売　　　　　上	1,200	1,200
600	600	仕　　　　　入		
2,500	4,100		4,100	2,500

3 チェックの仕組み

合計試算表または残高試算表の**借方金額欄と貸方金額欄の合計が一致**すると、総勘定元帳の各勘定口座の記入が正しいとわかるのですが、それはなぜでしょうか。

たとえば、あなたの会社の１カ月間の取引を勘定口座に転記した結果が次のようであったとします。

なお、試算表の働きをわかりやすく説明するために、４月１日の取引の貸方（□で示した部分）が勘定口座に転記されず、転記漏れを起こしていたものとします。

4.1の取引	（借）現　　金	8,000	（貸）資 本 金	5,000
			借 入 金	3,000

現　　金

4/1 8,000	4/8 4,000
12 1,000	25 500
20 8,000	30 3,800

資 本 金

	4/1 5,000

借 入 金

4/30 3,000	01)

売　　上

	4/20 8,000

受 取 利 息

	4/12 1,000

仕　　入

4/8 4,000	

雑　　費

4/25 500	

支 払 利 息

4/30 800	

01) 実際にはここに、「4/1 3,000」の記入がなくてはなりません。

上記の勘定口座から合計試算表を作成すると、次のとおりです。

合 計 試 算 表

借方合計	勘 定 科 目	貸方合計
17,000	現　　金	8,300
3,000	借 入 金	
	資 本 金	5,000
	売　　上	8,000
	受 取 利 息	1,000
4,000	仕　　入	
500	雑　　費	
800	支 払 利 息	
25,300	←不一致→	22,300

転記のさいに間違っていると、試算表を作成しても借方と貸方の金額が一致しません。逆に仕訳の借方と貸方の金額がきちんと転記されていれば、試算表の借方・貸方の合計は一致し、勘定口座の記入が正しいことがわかります。これが試算表を使ったチェックの仕組みなのです。

●一致しないときには●

作成した試算表の貸借の合計が一致しないときには、貸借の合計欄の差額を求めて原因を探ります。

次の３つの方法を知っていると、間違いを探しやすくなります。

(a)**資料にこの差額に該当する金額**がないかをチェックする。
　　←記入漏れを探す。
(b)差額を２で割ってみる。　←（貸方の金額を借方に記入したなど）貸借の記入ミスを探す。
(c)差額を９で割ってみる。　←ケタミスを探す[02]。

02) 100を10と書くなど、ケタミスをすると、差額は９で割り切れます。

試算表の作成　**次の勘定口座にもとづいて、合計残高試算表を作成しなさい。なお、相手勘定科目は省略してある。**

現　金　1

借方		貸方	
6/1	50,000	6/2	25,000
15	25,000	11	20,000
30	10,000	18	2,000
30	500	26	10,500

貸付金　2

借方		貸方	
6/2	25,000	6/30	10,000

資本金　3

借方		貸方	
		6/1	50,000

売　上　4

借方		貸方	
		6/15	25,000

受取利息　5

借方		貸方	
		6/30	500

仕　入　6

借方		貸方	
6/11	20,000		

給　料　7

借方		貸方	
6/26	10,500		

通信費　8

借方		貸方	
6/18	2,000		

合計残高試算表

借方残高	借方合計	元丁	勘定科目	貸方合計	貸方残高
		1	現金		
		2	貸付金		
		3	資本金		
		4	売上		
		5	受取利息		
		6	仕入		
		7	給料		
		8	通信費		

合計残高試算表

借方残高	借方合計	元丁	勘定科目	貸方合計	貸方残高
28,000	85,500	1	現金	57,500	
15,000	25,000	2	貸付金	10,000	
		3	資本金	50,000	50,000
		4	売上	25,000	25,000
		5	受取利息	500	500
20,000	20,000	6	仕入		
10,500	10,500	7	給料		
2,000	2,000	8	通信費		
75,500	143,000 01)			143,000 01)	75,500

01) 合計試算表の貸借の合計額が一致したら、次に残高試算表を作成します。合計試算表の貸借が一致するのを確認してから、残高試算表を作るのがコツです。

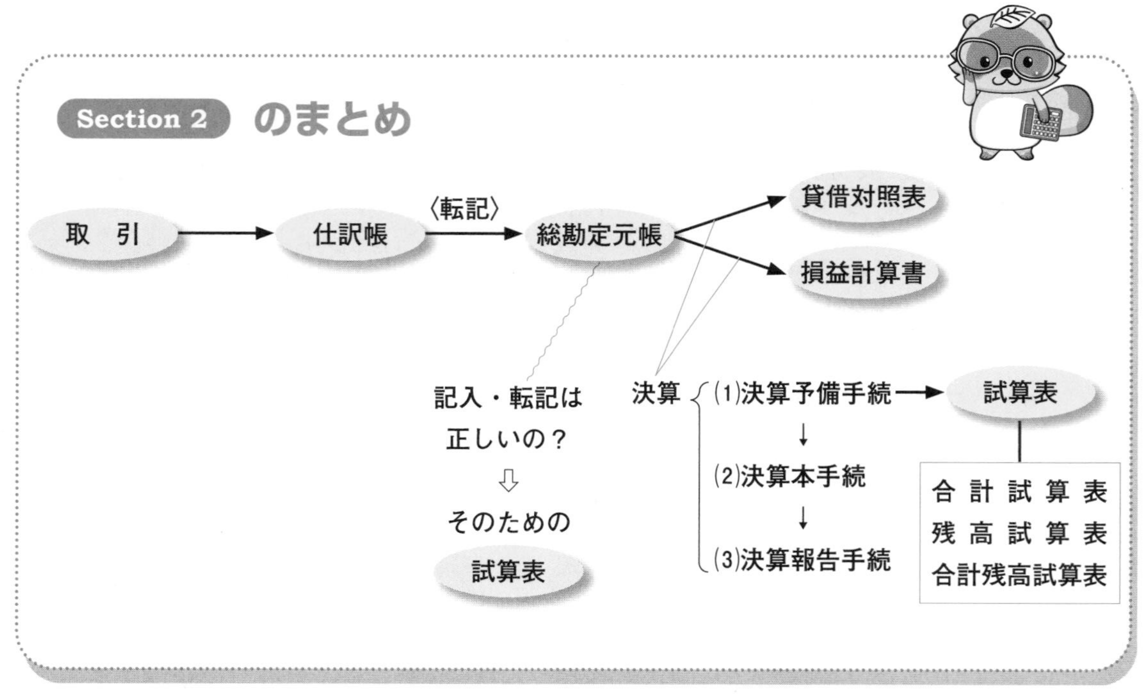

Chapter 7

その他の債権債務

Section1 **貸付金と借入金** 重要度レベル ★★☆☆☆

Section2 **未収金と未払金** 重要度レベル ★★★★☆

Section3 **前払金と前受金** 重要度レベル ★★★★☆

ココがPOINT!

いろいろな債権債務

ここでは、売掛金と買掛金以外のいろいろな債権債務についてみていきます。

同じ「後払い」の処理でも、それが商品の代金であれば営業部門で責任を持って管理しなければなりませんが、それ以外の備品を購入した代金の支払いなどは営業部門ではなく総務部門などで管理すべきものなので、勘定科目を変えて処理をします。

このような区別に気を付けて勉強していきましょう。

Section 1

貸付金(かしつけきん)と借入金(かりいれきん)

重要度レベル ★★☆☆☆

はじめに

努力の甲斐があり、当社の業績は順調に伸びています。しかし、仕入が増えたことにともなって、資金が心配になってきました。そこで、親しい取引先の尾道商店に資金の融資を頼んだところ、「わかりました。では、ご融資しますので、借用書を作って下さい」と言われました。
このときはどのような処理をするのでしょうか？

1 貸付金と借入金

借用証書(しゃくようしょうしょ)を作成して資金を借り入れたときは、**借入金(かりいれきん)勘定（負債の勘定）**を用いて処理します。また、貸してあげた場合は**貸付金(かしつけきん)勘定（資産の勘定）**で処理します。

2 借入の処理

借入の処理では、(1)借用証書を作成して借り入れたとき、(2)借入金を返済したとき、の２つに注意してください。

(1)借入時

例1-1
尾道商店から利息は元金返済時に支払うことを条件に￥100,000を借り入れ、借用証書を渡して現金を受け取った。

借用証書を作成して資金を借り入れたときには、**借入金勘定（負債の勘定）の増加**として処理します。これは、返済期日には￥100,000を返済しなければならないことを示しています。

（借）	現　　金	100,000	（貸）	借 入 金	100,000

(2)返済時

例1-2
本日、借入金の返済期日となり、借入金 ￥100,000と利息￥5,000を現金で返済した。

借入金を返済したときには、**借入金勘定の減少として処理**します。

（借）	借 入 金	100,000	（貸）	現　　金	105,000
	支払利息	5,000			

3 貸主（尾道商店）の処理

貸主である尾道商店の処理はどのように行うのでしょうか。この場合に貸主である尾道商店は**貸付金勘定**（かしつけきん）**（資産の勘定）を用いて処理**します。

例1-3

尾道商店は利息は元金返済時に受け取ることを条件に¥100,000を貸し付け、借用証書を受け取り、現金を渡した。

（借）	貸付金	100,000	（貸） 現金	100,000

例1-4

本日、貸付金の回収期日となり、貸付金¥100,000と利息¥5,000を現金で回収した。

（借）	現金	105,000	（貸） 貸付金	100,000
			受取利息	5,000

貸付金・借入金の処理　次の一連の取引について徳島商店と高知商店の仕訳を行いなさい。

5. 1 徳島商店は高知商店から、資金¥2,500,000の融資の要請を受け、利息は元金返済時に受け取る条件で、借用証書を受け取り、徳島商店の普通預金口座から高知商店の普通預金口座に振り込んだ。

10.31 徳島商店は、さきに高知商店に貸し付けた¥2,500,000の返済を受け、利息¥75,000とともに現金で受け取った。

徳島商店の仕訳

5.1	（借）	貸付金	2,500,000	（貸）	普通預金	2,500,000
10.31	（借）	現金	2,575,000	（貸）	貸付金	2,500,000
					受取利息	75,000

高知商店の仕訳

5.1	（借）	普通預金	2,500,000	（貸）	借入金	2,500,000
10.31	（借）	借入金	2,500,000	（貸）	現金	2,575,000
		支払利息	75,000			

Section 1 のまとめ

☆借入金・貸付金は、借用証書を作成して資金の借入れ・貸付けを行う場合に用いる勘定科目です。

	借　入　時	返　済　時
借主	(借)現金など ×××(貸)借入金 ×××	(借)借 入 金 ×××(貸)現金など ××× 支払利息　　×
貸主	(借)貸付金 ×××(貸)現金など ×××	(借)現金など ×××(貸)貸 付 金 ××× 受取利息　　×

※利息を元本の返済時に一括で支払う場合の仕訳。

未収金と未払金

重要度レベル ★★★★☆

はじめに

新しく倉庫を作るため、倉庫用の土地を購入し、土地の代金は後日支払うことになりました。
この場合は、どのように処理をするのでしょう？
後日の支払いなので買掛金として処理したところ、顧問税理士の先生に「買掛金ではないですよ」と言われました。
なぜ買掛金ではいけないのでしょうか？

1 未収金とは

商品以外のものを売却して、後日代金が入金される場合には、売掛金ではなく**未収金勘定（資産の勘定）**を用いて処理します[01)]。**未収金とは、本業の商品販売以外の取引で、代金を後日受け取る約束をした場合に生じる債権のことです。**

このように処理することで、商品を販売することによって生じた債権[02)]と、それ以外の取引[03)]によって生じた債権を区別することができます。

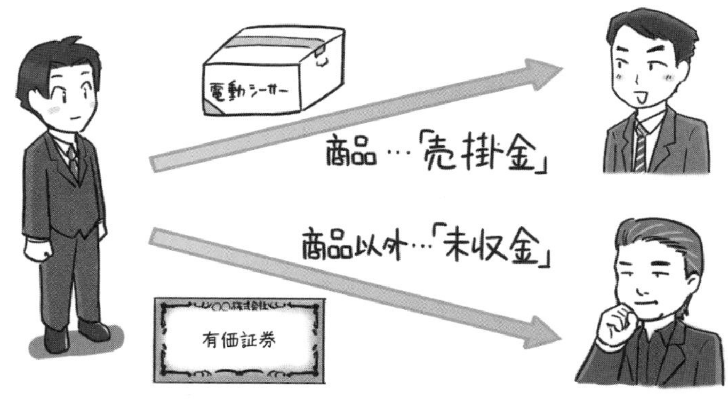

01) 商品売買に関する債権は頻繁に増減するため、売掛金元帳などを設けて、相手先ごとに管理します。これに対して商品売買以外の債権は、取引量が多くないので個別に管理できるため、特別な帳簿を設ける必要性が乏しく未収金勘定で処理します。

02) ここでは売掛金を示しています。

03) それ以外の取引には、有価証券や有形固定資産の売却などがあります。なお、こうした物品はあくまで、販売を目的としたものではないことに注意してください。

▶未収金と売掛金の違い◀

みなさんの会社が、5件の得意先（売り先）に日々頻繁に（当然掛けで）商品を販売しているとしましょう。

月末に「いざ、今月の請求書を作ろう！」となったときに、得意先別に売掛金の金額がわかるように明細を作って管理しておかないと、どこの会社にいくらの請求をすればよいのかわからなくなってしまいます。

このように、本業の取引によって頻繁に発生して変動する債権は売掛金勘定を用いて処理します。

しかし、有価証券を売却した、などという場合はどうでしょうか？

こういう単発の取引なら、いちいち明細書を作って管理する必要はありませんね。

このような（背後に）明細書を持たない債権を未収金勘定で処理しているのです。

ちなみに、コンピュータ化が進んだ現代、すべての債権に明細をつけて管理することくらい簡単になっています。日本でもいつかアメリカのように、この区別がなくなるときがくるかもしれませんね。

2 未収金の処理

未収金の処理では、(1)本業の商品販売以外の取引で代金を後日の受取りとしたとき、(2)代金を受け取ったとき、の2つに注意してください。

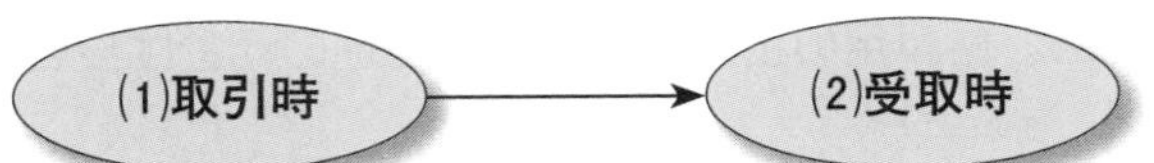

(1)取引時

例2-1

手元の有価証券 ¥500,000 を ¥550,000 で売却し、代金を月末に受け取ることにした[01]。

本業の商品販売以外の取引で代金を後日受け取るときには、**未収金勘定（資産の勘定）の増加**として処理します。これは、後日代金を受け取る権利をもっているためです。

（借）	未　収　金	550,000	（貸）	有価証券	500,000
				有価証券売却益[02]	50,000

(2)受取時

例2-2

後日受け取ることになっていた有価証券の売却代金 ¥550,000 を現金で受け取った。

入金期日になり、代金を受け取ったときには、**未収金勘定の減少**として処理します。

（借）	現　　金	550,000	（貸）	未　収　金	550,000

3 未払金の処理

商品仕入以外の取引で、代金を後日支払う約束をした場合に生じる債務は、**未払金勘定（負債の勘定）**を用いて処理します[01]。商品仕入以外の取引とは、有価証券や土地などの有形固定資産の購入が該当します[02]。

このようにすることで、商品を購入することによって生じた債務[03]と、商品仕入以外の取引によって生じた債務を区別することができます。

例2-3

土地 ¥800,000 を購入し、代金は月末に支払うこととした。

購入したとき	（借）	土　　地	800,000	（貸）	未　払　金	800,000

01) 有価証券についてはChapter 9で学習します。

02) 有価証券売却益勘定は収益の勘定です。

01) 本業以外の取引で売掛金勘定を用いないのと同じように、買掛金勘定は用いません。

02) 有価証券や有形固定資産の購入についてはChapter 9で学習します。

03) ここでは買掛金を示しています。

例2-4

先の土地の購入代金￥800,000を本日現金で支払った。

決済したとき	(借) 未払金	800,000	(貸) 現金	800,000

未収金と未払金の処理 **次の取引について、甲府商店と八王子商店の仕訳を行いなさい。**

9.10 甲府商店は、営業用の備品 ￥360,000を同額で同業者八王子商店に売却し、代金は、月末に受け取ることとした。なお、八王子商店も営業用の備品として購入している。

9.30 甲府商店は、さきに八王子商店に売却した備品代金 ￥360,000を現金で受け取った。

甲府商店の仕訳

9.10	(借) 未収金	*360,000*	(貸) 備品	*360,000*
9.30	(借) 現金	*360,000*	(貸) 未収金	*360,000*

八王子商店の仕訳

9.10	(借) 備品	*360,000*	(貸) 未払金	*360,000*
9.30	(借) 未払金	*360,000*	(貸) 現金	*360,000*

Section 2 のまとめ

未収金	商品以外の物品を売却し、代金を後日受け取る約束をした場合に生じる債権のことです。
未払金	商品以外の物品を購入し、代金を後日支払う約束をした場合に生じる債務のことです。

※有価証券の売買取引の場合

売却時	(借方) 未収金 ××× (貸方) 有価証券 ×× 有価証券売却益 ×
購入時	(借方) 有価証券 ××× (貸方) 未払金 ×××

前払金と前受金

重要度レベル ★★★★☆

はじめに

当社自慢のヒット商品「電動シーサー」が、得意先大田商店から大量注文をいただき、予約金として、代金50万円のうち20万円が入金されました。
この場合は、どのように処理をするのでしょう？
これから販売する商品の代金を、前払いしてくれたわけだから「売上だな」と処理したところ、顧問税理士の先生に「商品を渡していないのに売上にしちゃだめですよ」と言われました。
いずれ販売することが決まっているのに、なぜ売上としてはいけないのでしょうか？

1 前受金とは

将来売上になるとはいっても、実際に商品を引き渡さない限り売上としてはいけません。

なぜなら、商品が入手できなくなるなど、何かの理由で販売できない可能性もあるからです。したがって、受け取った予約金は、**前受金勘定**[01]**(負債の勘定)** を用いて処理します。

前受金勘定は商品販売に先立って受け取った予約金[02]**を処理するための勘定です。**またこれは、後に商品を相手に渡さなければならない義務を示しています。

01) 受取手付金勘定を使うこともあります。
02) 内金、手付金と呼ぶこともあります。

2 前受金の処理

前受金の処理では、(1)予約金を受け取ったとき、(2)商品を相手に引き渡したとき、の2つに注意してください。

(1)予約金受取時

例3-1

大田商店から ¥500,000 の商品の注文を受け、予約金として、代金の一部の ¥200,000 を現金で受け取った。

受け取った予約金 ¥200,000 は、**前受金勘定（負債の勘定）の増加**として処理します。これは、代金を前もって受け取ることにより、その分の商品を引き渡す義務が生じるからです。

(借)	現　　金	200,000	(貸)	前 受 金	200,000

商品を実際に相手に引き渡さない限り、売上には計上しないことに注意してください。

⑵商品引渡時

例3-2
注文を受けた商品を引き渡し、代金の残額は後日受け取ることにした。

商品を引き渡したときは、売上を計上するとともに**前受金勘定の減少**として処理します。これは、商品を引き渡したため、義務がなくなったからです。

(借)	前受金	200,000	(貸)	売上	500,000
	売掛金	300,000[01]			

01）代金のうち¥200,000は、すでに受け取っているので、残りの¥300,000は後で受け取る権利が生じます。

3 前払金の処理

予約金を支払った大田商店の処理はどのようになるのでしょうか。大田商店が支払った予約金は、**前払金勘定（資産の勘定）**[01]を用いて処理します。前払金は**後で商品を受け取ることのできる権利**を示しています。

01）支払手付金勘定を使うこともあります。なお、本試験第1問の仕訳問題では支払手付金勘定を使う問題が多く出題されています。

⑴予約金支払時

例3-3
大田商店は ¥500,000 の商品の注文を行い、予約金として ¥200,000 を現金で支払った。

(借)	前払金	200,000	(貸)	現金	200,000

⑵商品受取時

例3-4
大田商店は先の商品 ¥500,000 を仕入れ、予約金 ¥200,000 を差し引いた残額は掛けとした。

(借)	仕入	500,000	(貸)	前払金	200,000
				買掛金	300,000[02]

02）代金のうち¥200,000は、すでに支払っているので、残りを支払う義務が生じます。

前払金と前受金の処理 **次の取引について、大分商店と熊本商店の仕訳を行いなさい。**

12．5 熊本商店は、大分商店に商品¥700,000を注文し、予約金として¥200,000を現金で支払った。

12.15 大分商店は、かねて熊本商店より注文があった商品¥700,000を引き渡し、代金のうち¥200,000は注文時に受け取った予約金と相殺し、残額は掛けとした。

大分商店の仕訳

12.5	(借)	現金	200,000	(貸)	前受金	200,000
12.15	(借)	前受金	200,000	(貸)	売上	700,000
		売掛金	500,000			

熊本商店の仕訳

12.5	(借)	前払金	200,000	(貸)	現金	200,000
12.15	(借)	仕入	700,000	(貸)	前払金	200,000
					買掛金	500,000

Section 3 のまとめ

前受金	商品販売に先立って受け取った予約金を処理するための勘定。 受取手付金勘定を使うこともあります。
前払金	商品仕入に先立って支払った予約金を処理するための勘定。 支払手付金勘定を使うこともあります。

コラム 売上の条件

"売上を計上する"ということの条件は何だと思いますか？

実は、①商品の引渡し、②対価（売掛金でもOK）の受入れの2つなのです。

ですから、前受金を預かっただけでは「売上」になりませんし（①がない）、また、サンプルを渡しても「売上」にはなりません（②がない）。

Chapter 8

一時的な処理

ココがPOINT!

「とりあえず」の処理科目

現金は、会社にとって、最重要の管理項目です。

したがって、金額や内容が未確定ながら、とりあえず入出金した場合であっても、現金が増減したら必ず仕訳をしなければなりません。

営業員の出張のため、とりあえず旅費や交通費を概算で渡す場合には「仮払金」、客先から入金されたお金が、何の分の入金なのかわからないときは、確認できるまでとりあえず「仮受金」で処理します。

金庫の実際の現金有高と、帳簿残高にずれが生じてしまった場合は、とりあえず「現金過不足」という勘定科目で、実際有高に帳簿残高を合わせてから、ずれの原因を調べます。

商品の販売時に、売上代金と一緒にお客さんから受け取った消費税は、とりあえず……。

このような処理を学習していきましょう。

Section 1 仮払金と仮受金

重要度レベル ★★★☆☆

はじめに

出張する営業員に、出張旅費の概算額を現金で渡しました。とりあえず、出張のための旅費、交通費となると思うのですが、出張先でタクシーに乗るかもしれないですし、取れた部屋によって宿泊料金が変わるかも知れません。
さて、この概算額は全部を旅費として帳簿に記入してよいのでしょうか？

1 仮払金とは

「はじめに」の出張旅費のように特定の目的のため、支出が発生することが明らかなときに、あらかじめおおよその金額を渡しておくことがあります。このようなときに、一時的に用いられるのが**仮払金勘定**[01]（**資産の勘定**）です。

なお、この勘定は支出先や支出金額が判明したときに、該当する科目に振り替えられます。

01) 簿記では、取引の一部が未確定で「とりあえず」という状況で処理した場合に仮払金勘定や仮受金勘定を用います。

2 仮払金の処理

仮払金の処理では、⑴現金等を支払ったとき、⑵金額等が判明したとき、の２つに注意してください。

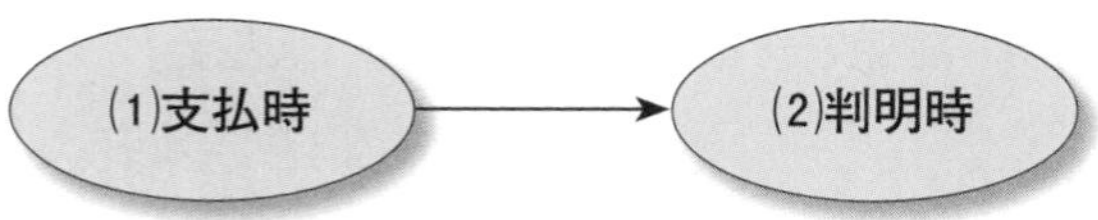

⑴現金等の支払時

例 1 - 1

営業員に出張旅費の概算額として ¥100,000 を現金で渡した。

このようなときには、**仮払金勘定（資産の勘定）**の借方に一時的に記録しておきます。これは、出張する営業員がその ¥100,000 をどのように使うのか、またいくら使うのかがわからないためです。

(借)	仮払金	100,000	(貸)	現金	100,000

⑵判明時

例1-2

営業員が出張から帰り、「旅費として ¥85,000 を支払った」との報告を受け、残金 ¥15,000 を現金で受け取った。

このときに、**仮払金勘定から旅費勘定へ振り替えます**。これは、報告を受けてはじめて、費用の内容と金額が確定するからです。

(借)	旅　　費	85,000	(貸)	仮　払　金	100,000
	現　　金	15,000			

3 仮受金とは

また、現金や銀行口座の入金を受けながら、その入金の内容がすぐにはわからない場合があります。このようなとき、入金を処理するために一時的に用いられる勘定科目が**仮受金**（かりうけきん）**勘定（負債の勘定）**です。なお、この勘定も判明したときに該当する科目に振り替えられます。

4 仮受金の処理

仮受金の処理では、⑴現金等を受け取ったとき、⑵内容等が判明したとき、の２つに注意してください。

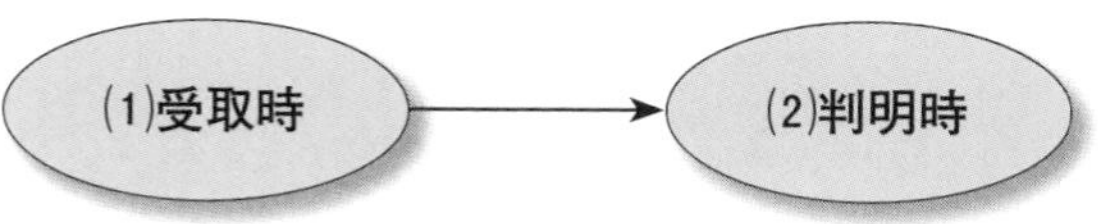

⑴現金等の受取時

例1-3

出張中の営業員から ¥150,000 の内容不明の当座預金口座への振込みを受けた。

このときは、一時的に**仮受金勘定（負債の勘定）の貸方**に記録しておきます。これは、¥150,000 の振込みがどのような内容なのかがわからないためです。

(借)	当 座 預 金	150,000	(貸)	仮　受　金	150,000

⑵判明時

例1-4
営業員が出張から戻り、「振り込んだお金は得意先からの売掛金回収であった」との報告を受けた。

このとき、**仮受金勘定から売掛金勘定へ振り替えます**。これは、報告を受けてはじめて、入金の内容が判明したためです[01]。

(借) 仮受金	150,000	(貸) 売掛金	150,000

01) 仮払いや仮受けは最終的に必ず消去されます。

仮払金・仮受金の処理 **次の一連の取引について仕訳を行いなさい。**

⑴ 従業員の出張にあたり旅費概算額 ¥90,000 を現金で渡した。
⑵ 出張中の従業員から ¥160,000 の当座振込みがあったが、内容は不明である。
⑶ 出張から従業員が帰り、旅費を精算して現金 ¥5,000 の返金があった。なお、当座振込み ¥160,000 は、得意先からの内金であることがわかった。

⑴	(借) 仮払金	90,000	(貸) 現金	90,000
⑵	(借) 当座預金	160,000	(貸) 仮受金	160,000
⑶	(借) 旅費	85,000	(貸) 仮払金	90,000
	現金	5,000		
	(借) 仮受金	160,000	(貸) 前受金	160,000

Section 1 のまとめ

仮払金	現金などを支払ったものの、処理する勘定科目や金額が決まっていないときに、一時的に用いる勘定。
仮受金	現金を受け取ったものの、内容や処理する勘定科目がわからないときに、一時的に用いられる勘定。

消費税の処理

重要度レベル ★★★★☆

はじめに

商品を販売すると、商品の代金￥10,000に対して、10%の消費税￥1,000を上乗せした金額￥11,000をお客様から受け取ります。この消費税は、お客様の代わりに、受け取った会社（お店）側が納付しなければならないので、会社のお金になるわけではありません。
会社が行う消費税の処理についてみていきましょう。

1 消費税とは

消費税とは国内で行われる物品やサービスの消費に対して、課税される税金です。消費税の処理方法には税抜方式[01]と税込方式[02]がありますが、全経で学習するのは税抜方式です。

01）取引額と消費税を分けて処理する方法です。
02）取引額と消費税を分けずに処理する方法です。

2 消費税（税抜方式）の処理

消費税の税抜方式の処理では、物品などを売買したさいに、**物品の対価と消費税分とを分けて記帳**します。

全経３級の学習では(1)ものを買うなどして、消費税を支払ったとき、(2)ものを売るなどして、消費税を受け取ったとき、の２つに注意してください。

01）商品等の購入代金を支払ったさいに消費税額も合わせて支払いますが、これは会社にとっては後に得意先から受け取るものなので、一時的な「仮払い」となります。
02）得意先から一時的に預かることになるので「仮受け」となります。

(1)購入（消費税の仮払い）時

例2-1
商品 ￥330,000（うち消費税額 ￥30,000）を掛けで仕入れた。

（借）	仕　　入	300,000	（貸）	買　掛　金	330,000
	仮払消費税	30,000			

(2)販売（消費税の仮受け）時

例2-2
上記商品を ￥550,000（うち消費税額 ￥50,000）で売り上げ、代金は現金で受け取った。

（借）	現　　金	550,000	（貸）	売　　上	500,000
				仮受消費税	50,000

消費税（税抜方式）の決算時と納付時の処理は、全経２級で学習します。

消費税の処理 **次の取引の仕訳を示しなさい。ただし税抜方式で処理すること。**

(1) 商品¥¥495,000（うち消費税額¥45,000）を仕入れ、代金は現金で支払った。

(2) 商品を¥797,500（消費税込、税率10%）で売り上げ、代金は掛けとした。

(1)	(借) 仕入	*450,000*	(貸) 現金	*495,000*
	仮払消費税	*45,000*		

(2)	(借) 売掛金	*797,500*	(貸) 売上	*725,000*
			仮受消費税	*72,500*

(2)売上（税抜）：¥797,500（税込） ÷ 1.10 = ¥725,000

Section 2 のまとめ

■消費税（税抜方式）

仮払（購入）時

商品¥330,000（うち消費税額¥30,000）を掛けで仕入れた。

(借) 仕入	300,000	(貸) 買掛金	330,000
仮払消費税	30,000		

仮受（販売）時

商品を¥550,000（うち消費税額¥50,000）で売り上げ、代金は現金で受け取った。

(借) 現金	550,000	(貸) 売上	500,000
		仮受消費税	50,000

▶〇〇が負担する税金、〇〇税◀

法人税は法人が負担し、所得税は所得者が負担します。また、住民税は住民が負担し、事業税は事業者が負担します。

この考えでいけば、**消費税**は「**消費者が負担する税金**」ということになります。

上記の取引をよく見てください。仕入時に30,000円仮払いしていますが、販売時に50,000円仮受けし、納税するのはその差額の20,000円になるのです。この取引だけでいうと、会社自体はまったく負担していないということがわかりますね。

では、負担しているのは誰でしょうか？

もちろん最終消費者です。我々が日常、物を買うときに消費税を支払っていますものね。

商品売買の中では、会社は負担しない、というのが消費税の特徴です。

立替金(たてかえきん)・預(あず)かり金(きん)と給料(きゅうりょう)の支払(しはら)い

重要度レベル ★★★★☆

はじめに

会社は、従業員が負担する保険料を立て替えて支払うことがあります。この場合、従業員への立替金は、従業員に支払う給料から差し引いて精算されることがあります。

また、従業員が負担する所得税をあらかじめ天引き（源泉徴収といいます）して預かり、会社が従業員に代わり、まとめて支払ったりもします。

このような、従業員に給料を支払うときに行う処理についてみていきましょう。

1 立替金とは

立替金(たてかえきん)とは、従業員や得意先等の当社以外が支払うはずの金銭を、当社が代わって一時的に支払ったものです。このように立て替えて支払ったときには、**立替金勘定（資産の勘定）**で処理します。

2 立替金の処理

立替金の処理では、⑴立替払いをしたとき、⑵立替金を返してもらったとき、の2つに注意してください。

⑴立替時

例3-1

従業員が負担するべき保険料 ¥50,000 を、一時的に会社の現金で支払った。

当社以外が負担するべき支払いを立替払いしたときは、**立替金勘定（資産の勘定）の増加**として処理します。この場合は、従業員から ¥50,000 を受け取る権利が生じるためです。

（借）	立　替　金 [01]	50,000	（貸）	現　　　金	50,000

01）従業員に対する立替金については従業員立替金勘定を使用することもあります。

⑵回収時

従業員が負担する支払いを、会社が立替払いしたときは、給料支給時に支給額から回収することがあります。このような場合には以下の取引になります [02]。

例3-2

給料日となったので、給料 ¥350,000 から立替払いしていた ¥50,000 を差し引いた ¥300,000 を現金で支払った。

02）現金で返済を受けた場合は次の仕訳になります。
（現　金）50,000
（立替金）50,000

この場合、立替金勘定の減少として処理するので、立替金勘定は貸方になります。

(借) 給　　料	350,000[03]	(貸) 立　替　金	50,000
		現　　　金	300,000

03) 立替分を差し引いて支払う場合でも、費用として処理する給料の総額に変わりはありません。

3 預り金とは

預り金(あずかりきん)**とは、従業員各個人が税務署や年金機構などの当社以外に支払うべき金銭を、当社が一時的に預かったもの**です。このような場合には、**預り金勘定（負債の勘定）**で処理します。

なお、預り金の処理では、源泉徴収制度の理解が重要になります。

4 源泉徴収制度

従業員の給与所得に対して課税される所得税は、本来、会社が給料として支払った後に従業員個人が申告して納付すべきものです[01]。

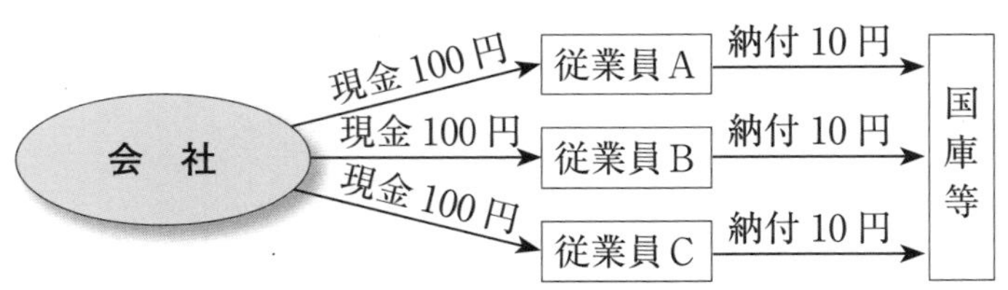

01) この申告を確定申告といい、毎年2月16日～3月15日の間に行われます。

しかし、徴税の効率化などの観点から所得税相当分をあらかじめ給与から差し引いて従業員に支払い、それを会社が国庫等に納付する源泉徴収制度[02]が採用されています[03]。

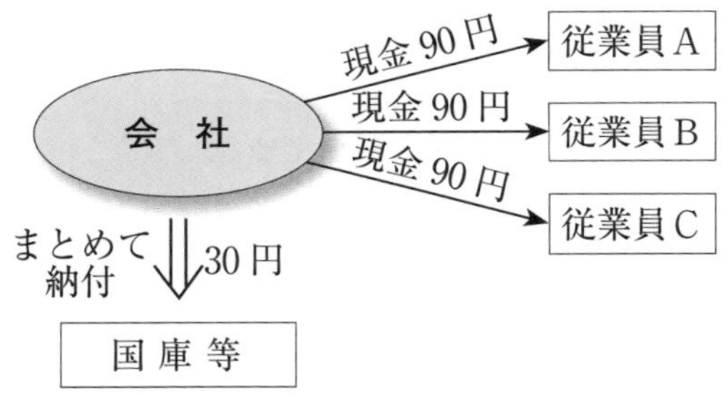

02) 給料等を支払う側（源泉）から税金を徴収することから源泉徴収制度といいます。

03) 徴収された額と、納付すべき額との間に差額がある場合には、年末に調整し、差額を精算します。これを年末調整といいます。

このような源泉徴収制度が、従業員個人の所得税や住民税だけではなく、社会保険料にも採用されています。

5 給料の支払いと預り金の処理

給料を支払うさいには、従業員の所得税や社会保険料を差し引いて残額を本人に支払います。この処理では、⑴給料の支払時（金銭を預かったとき）、⑵預り金を納付したとき、の２つの場面があります。

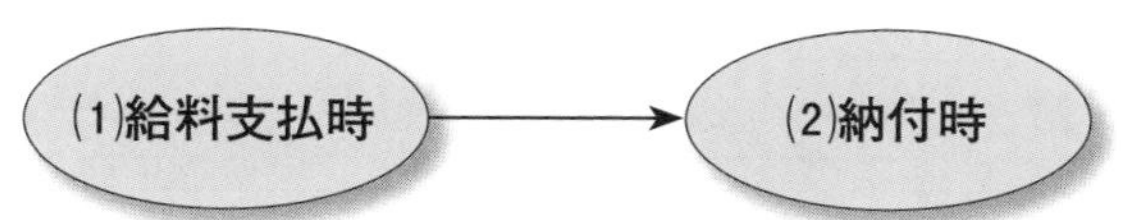

⑴給料支払時

例3-3

従業員への給料￥350,000の支払いにさいして、所得税の源泉徴収額￥35,000を差し引き、￥315,000を現金で支払った。

このとき、会社が預かった￥35,000は預り金勘定（負債の勘定）の増加として処理します。これは、会社が従業員に代わって所得税を税務署などに支払わなければならない義務が生じるからです。

（借）	給　　料	350,000	（貸）	預 り 金[01]	35,000
				現　　金	315,000

01)「従業員預り金」という勘定も用いられますが、試験では「所得税預り金」で出題されることが多いです。また、社会保険料を差し引いたときは、社会保険料預り金とすることもあります。

⑵納付時

例3-4

当社は、例3-3 の所得税 ￥35,000を税務署に現金で支払った。

所得税の源泉徴収分を支払ったときには、**預り金勘定の減少として処理**します。

（借）	預 り 金[02]	35,000	（貸）	現　　金	35,000

02) ちなみに預り金勘定の「り」が3級で出題される全勘定科目の中で唯一のひらがなです。

立替金・預り金と給料の支払いの処理 **次の一連の取引の仕訳を行いなさい。**

(1) 従業員負担の団体生命保険料 ¥25,000 を現金にて立替払いした。

(2) 給料日となったので上記(1)の従業員に対して、給料 ¥375,000 から上記の立替分と源泉所得税 ¥30,000 を差し引き、残額を現金で支払った。

(3) (2)の源泉所得税を現金で納付した。

(1)	(借)	立　替　金[01]	25,000	(貸)	現　　　金	25,000
(2)	(借)	給　　　料	375,000	(貸)	立　替　金[01]	25,000
					預　り　金[02]	30,000
					現　　　金	320,000
(3)	(借)	預　り　金[02]	30,000	(貸)	現　　　金	30,000

01) 従業員立替金でもよい。

02) 所得税預り金でもよい。

Section 3 のまとめ

立替金	従業員や取引先等が支払うべき金銭を、当社が代わりに支払ったときに使う勘定。
預り金	従業員等から金銭等を預かった場合に、この預り額を処理するための勘定。

Section 4

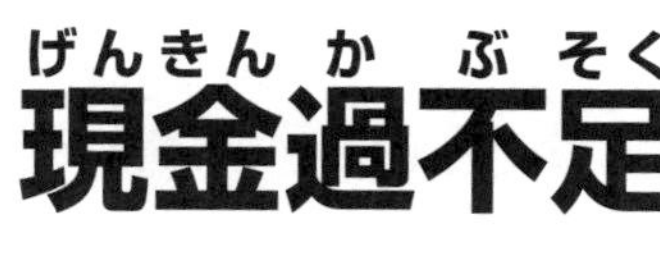

現金過不足

重要度レベル ★★★★☆

はじめに

１日の業務を終えるときには、会社の金庫の現金を数えて、１日の取引が間違いなく帳簿に記入されているか、また、金額を間違えずにお釣りなどの現金をやり取りしているかをチェックします(これを現金実査といいます)。ところがある日、金庫の中の現金の残高と、現金出納帳の残高が合わないことに気づきました。

「たっ、足りない！」

帳簿の記入を忘れたのか、帳簿の記入が間違っているのか……。

このような場合は、どのように処理をするのでしょうか？

1 現金過不足とは

金庫にある実際の現金残高と帳簿上の現金残高との差額を、現金過不足(げんきんかぶそく)といいます[01)]。

現金過不足が発生したときには、帳簿上の現金残高を実際額に合わせるように現金過不足勘定を用いて処理しておき、現金過不足の原因がわかったら、改めて適当な勘定に振り替える処理をします。

01) 現金過不足は次のような場合に発生します。
(1)金庫の現金の増減があったにもかかわらず、記帳がもれていたとき。
(2)記帳通りの金額で金庫の現金が増減しなかったとき。(金額間違い、受け渡し時にお金が落ちた等)
(3)記帳する金額を間違えたとき。(書き間違えなど)

▶簿記のルール③　帳簿 VS 実際は、常に実際の勝ち◀

現金過不足を用いるときのように、「帳簿上の金額と実際の金額が異なる」という場合は、100%実際の勝ちです。つまり、実際の金額にあわせて帳簿の金額を修正することになります。

給料日に、財布に 10,000 円入れたのに、今見たら、何に使ったか覚えてないけど 9,000 円になっていた、と仮定します。

この状況で「今、お金をいくら持っていますか？」と聞かれたら、あると思っていた 10,000 円ではなく「9,000 円しかないです」と答えますよね。それが現実なのですから。この「何に使ったか覚えてないけど」生じてしまった差額の 1,000 円を「現金過不足」で処理します。後から「そういえば交通系カードに入金したときに使ったっけ」と、原因がわかったときに、正しい科目に振り替えることで、現金過不足は解消されるのです。

2 現金過不足の処理

現金過不足の処理は、①現金過不足が発生したとき、②現金過不足の原因がわかったとき、③決算のとき、の３つに分けて考える必要があります。

(1)現金不足の場合

①過不足発生時

例4-1

金庫の現金を数えたところ、実際の現金の残高は ¥10,000 であり、帳簿残高の ¥12,500 より ¥2,500 不足していることに気づいた。

手許現金の残高が帳簿残高に不足するときには現金の帳簿残高を ¥2,500 減らすために現金勘定の貸方に記入し、同時に現金過不足勘定[01]**の借方に振り替えます。**これは、とりあえず現金の帳簿残高を実際残高にあわせておかなければならないからです。

01）現金過不足勘定は、とりあえず帳簿残高と実際残高を一致させるために用いられる仮勘定です。

(借)	現金過不足	2,500	(貸)	現金	2,500

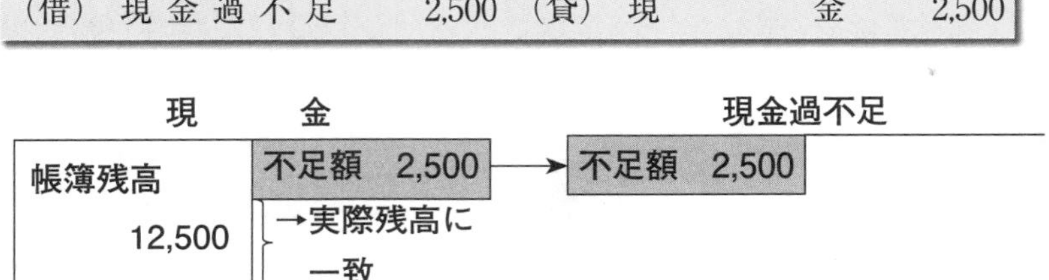

帳簿残高を実際残高に合わせる点に注意してください。つまり、実際残高＝事実だからです。

②原因判明時

例4-2

後で現金過不足 ¥2,500 の原因を調べたところ、そのうち ¥1,800 については水道料金を支払ったものの、帳簿への記録を忘れたためであった[02]**。**

02）つまり、残りの¥700についてはいまだ原因がわからないわけですね。

現金過不足の原因がわかったときには、現金過不足勘定の貸方に記入して、現金過不足勘定を ¥1,800 減らします。と同時に、水道光熱費勘定（費用の勘定）の借方に記入し、改めて水道光熱費を計上します。

(借)	水道光熱費	1,800	(貸)	現金過不足	1,800

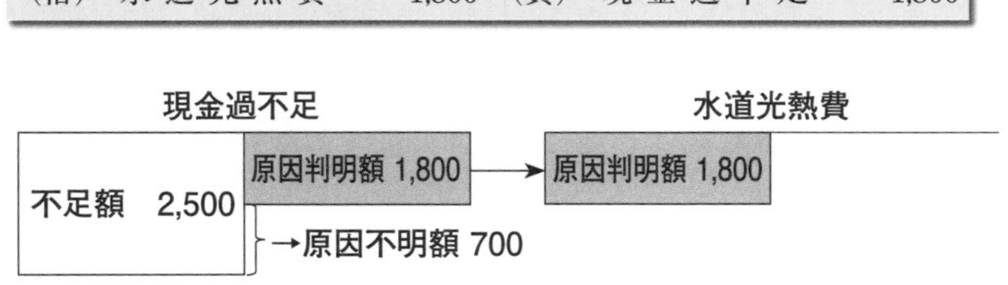

③決算時

例4-3

上記現金過不足のうち、¥700 については決算になっても原因は判明しなかった。

決算になっても原因がわからないときには、現金過不足勘定の貸方に ¥700 の記入を行って、現金過不足勘定の残高をゼロにするとともに、雑損（ざっそん）勘定（費用の勘定）の借方に記入します。これは現金過不足がなんらかの費用の計上漏れから発生したと考えられるからです。

(借) 雑　損	700	(貸) 現金過不足	700

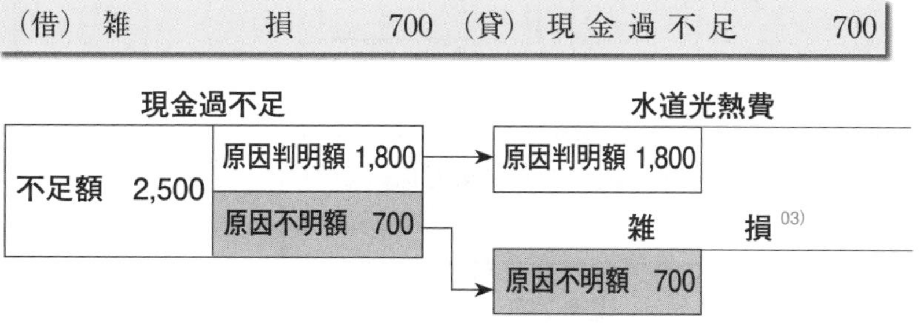

03) 細かい支払内容を総括して用いる雑費とは異なります。雑損は内容不明なものを処理する勘定です。

(2)現金過剰の場合

①過不足発生時

例4-4

金庫の現金を数えたところ実際の残高が ¥15,500 であり、帳簿残高の ¥12,500 より ¥3,000 多いことに気づいた。

手許現金の残高が帳簿残高よりも多いときには現金の帳簿残高を ¥3,000 増やすために現金勘定の借方に記入し、同時に現金過不足勘定 04) の貸方に振り替えます。これは、とりあえず現金の帳簿残高を実際残高に合わせておかなければならないからです。

04) 自分のサイフに入れないでください。

(借) 現　金	3,000	(貸) 現金過不足	3,000

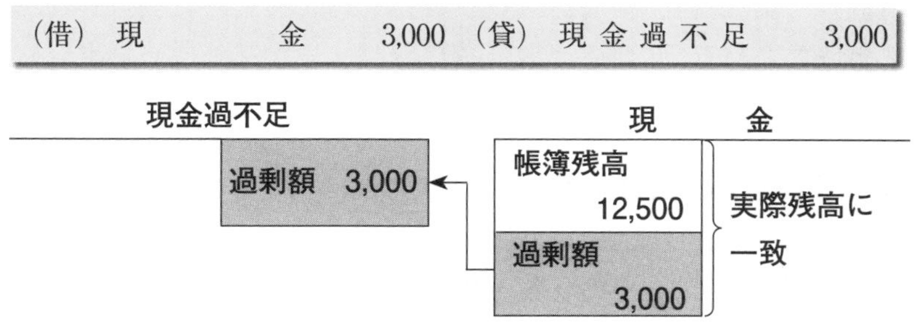

帳簿残高を実際残高に合わせる点に注意してください。つまり、実際残高＝事実だからです。

②原因判明時

例4-5

あとで現金過不足 ¥3,000 の原因を調べたところ、そのうち ¥2,000 については売掛金を回収したものの、帳簿への記録を忘れていたためであった 05)。

05) つまり、残りの ¥1,000 についてはいまだ原因がわからないわけですね。

このときには、現金過不足勘定の借方に記入して、現金過不足勘定を￥2,000減らすとともに、売掛金勘定の貸方に記入し、売掛金回収の処理をします。

(借) 現金過不足	2,000	(貸) 売掛金	2,000

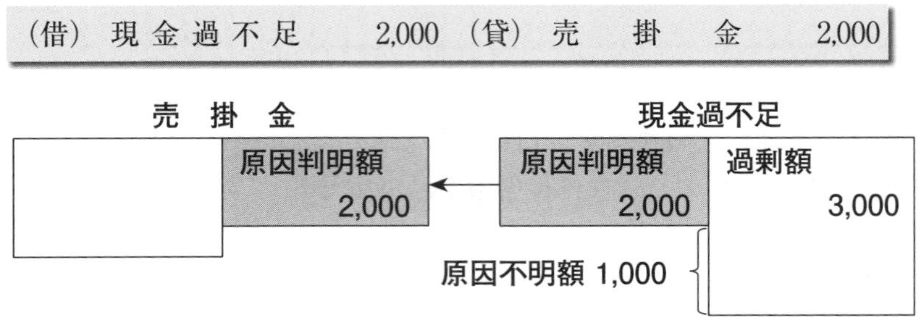

③決算時

例4-6
現金過不足のうち、￥1,000については決算になってもいまだ原因が判明しなかった。

決算になっても原因がわからないときには、現金過不足勘定の借方に￥1,000の記入を行って、現金過不足勘定の残高をゼロにするとともに**雑益**（ざつえき）**勘定**[06]（収益の勘定）の貸方に記入します。これは現金過不足が何らかの収益の計上漏れから発生したと考えられるからです。

06）雑収入とすることもあります。

(借) 現金過不足	1,000	(貸) 雑益	1,000

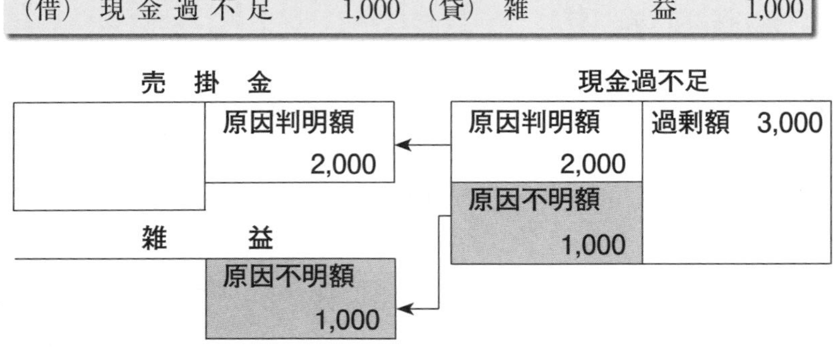

3 決算日に過不足が発生したときには

例4-7
決算日において￥3,000の現金過剰が発生し、そのうち￥2,000は、当日中に貸付金回収の記入漏れであることが判明したが、残りの原因は判明しなかった。

決算の当日に現金過不足が発生し、当日中に原因が発生しなかった場合は、**現金過不足勘定は使わずに、雑損勘定または雑益勘定で処理します。**

(借) 現金	3,000	(貸) 貸付金	2,000
		雑益	1,000

現金過不足の処理

⑴次の連続した取引について仕訳を示しなさい。

12.5 金庫の現金を調べたところ、現金出納帳の残高より ¥1,500 不足していたので、その不足分を現金過不足勘定へ振り替えた。

12.31 本日決算につき、上記の現金不足についてその原因を調べたところ、通信費 ¥900 の記帳漏れを発見したが、その他については不明であるため適切に処理することとした。

⑵次の連続した取引について仕訳を示しなさい。

10.10 金庫の現金を調べたところ、現金出納帳の残高より ¥3,000 過剰であったので、その過剰分を現金過不足勘定に振り替えた。

12.31 本日決算につき、上記の現金過剰についてその原因を調べたところ、回収した売掛金 ¥2,200 の記帳漏れを発見したが、その他については不明であるため適切に処理することとした。

⑶次の取引の仕訳を示しなさい。

12.31 本日決算につき、金庫の現金を調査したところ、現金出納帳の残高より ¥6,000 不足していた。その原因を調べたところ、¥5,000 については家賃の支払いの記入漏れであることが判明したが、残りについては原因が不明であったので、雑損勘定で処理することにした。

⑴ 12.5	(借)	現金過不足	1,500	(貸)	現金	1,500
12.31	(借)	通信費	900	(貸)	現金過不足	1,500
		雑損	600			

⑵ 10.10	(借)	現金	3,000	(貸)	現金過不足	3,000
12.31	(借)	現金過不足	3,000	(貸)	売掛金	2,200
					雑益	800

⑶ 12.31	(借)	支払家賃	5,000	(貸)	現金	6,000
		雑損	1,000			

⑵ 「雑益」は「雑収入」としても正解です。

⑶ 決算日の処理なので、現金過不足勘定は使わずに、直接、雑損を計上する処理を行います。(次の仕訳を1つにまとめた仕訳となります。)

① 過不足発生

(借)	現金過不足	6,000	(貸)	現金	6,000

② 決算時

(借)	支払家賃	5,000	(貸)	現金過不足	6,000
	雑損	1,000			

Section 4 のまとめ

☆現金過不足とは、実際の現金残高と帳簿上の現金残高との差額をいいます。

① 過不足の発生

実際残高 ＜ 帳簿残高

（借）現金過不足 ××× （貸）現　　　金 ×××

↓

② 原因判明

（借）水道光熱費　×× （貸）現金過不足　××

↓

なお差額

↓

③ 決算時

（借）雑　　損　× （貸）現金過不足　×

実際残高 ＞ 帳簿残高

（借）現　　　金 ××× （貸）現金過不足 ×××

↓

② 原因判明

（借）現金過不足　×× （貸）売 掛 金　××

↓

なお差額

↓

③ 決算時

（借）現金過不足　× （貸）雑　　益　×

コラム

雑益がコワイ！

銀行に勤めている友人から聞いた話ですが……。

1日の締めをして、現金が少し足らないことがある。

原則としては、合うまで徹底して調べる（帰宅もできない）のですが、5円、10円なら支店長か誰かがポケットから出して、ツジツマを合わせて帰ることもある。

しかし、多すぎたときはそうはいかない。

銀行で現金が過剰ということは、"誰かから余分にお金を取ってしまった"ということを意味しており、たとえ1円であっても銀行としてあってはならない、信用に係わる重大事件。だから夜を徹してでも原因を究明する。

銀行では雑益1円で大変なことになるらしい。

Chapter 9

有価証券と有形固定資産

有価証券とは？

有価証券とは、価値の有る証券、つまり経済的な価値のある紙切れということですから、法律上は（つまり一般的には）、有価証券というと株券や社債券の他に小切手さらには換金前の当たり馬券まで（！）もが有価証券となります。

しかし簿記で「有価証券」というと、株券や公債券（国債や地方債など）、社債券のみを指します。というのも小切手は現金勘定で処理されるためです。また会社のお金で馬券を購入することはないので、当たり馬券についての処理を考える必要はありません。

このように、法律上の有価証券と簿記上の有価証券の範囲が異なるという点を一般知識として知っておきましょう。

有価証券

重要度レベル ★★★★★

はじめに

会社の資金に余裕がある場合、運用の方法の一つに有価証券の売買があります。有価証券は、市場で売買される価格が日々変動するため、安いときに買って高いときに売れば利益を得ることができるものです。有価証券を上手に運用すれば、定期預金などで銀行に預けておくよりも大きな利益を得ることも可能です。

有価証券として株式や債券を購入したり、売却したりするときの処理の方法をみていきましょう。

1 有価証券とは

株式会社が発行する株式[01] **や社債、国や地方公共団体が発行する国債・地方債を有価証券**[02] **といい、**資金を運用するために（つまり投資のために）用いられます[03]。なお、企業にとって株式や公社債は資産ですから、購入したときには**有価証券勘定（資産の勘定）を用いて処理**します。

なお、有価証券を購入するメリットには次のものがあります。

株式の場合……配当金の受取り、売却益
公社債の場合…利息の受取り、売却益

01) 自分の会社が発行する株式は（ここでいう）有価証券にはあたりません。

02)「券」の字に注意！中は「力」ではなく「刀」です。

03) ここでは売買を目的とした短期的な投資を前提にして見ていきます。

2 有価証券の処理

有価証券の処理では、株式や公社債を、⑴購入したとき、⑵売却したときの2つに注意してください。

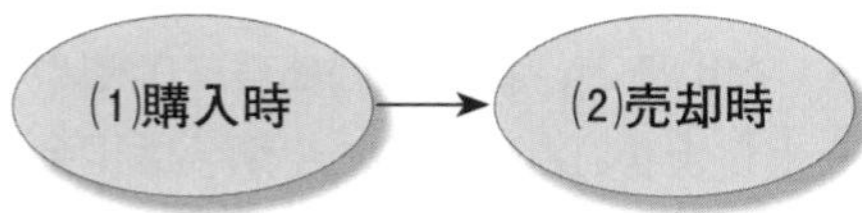

3 株式の処理

(1)購入時

例1-1

N社株3株を、1株につき¥100,000で購入し、購入手数料¥6,000とあわせて現金で支払った。

株式を購入したときは、**有価証券勘定（資産の勘定）の増加として処理**します。なお、購入に伴う手数料等の付随費用（ふずいひよう）も、有価証券の金額に含めます。これは、有価証券を手に入れるために支払った金額のすべてを、有価証券の金額と考えるためです[01]。

(借) 有価証券	306,000	(貸) 現金	306,000

なお、このときの1株あたりの取得原価（しゅとくげんか）は

¥306,000 ÷ 3株＝¥102,000となります。

01) この金額を「取得原価」といい、次のように計算します。
取得原価
＝購入代価＋付随費用
（株式の買入代金）（購入手数料など）

(2)売却時

例1-2

N社株のうち1株を ¥120,000で売却し、代金は月末に受け取ることにした。

取得原価 ¥102,000の有価証券を ¥120,000で売却するので ¥18,000の利益（売却益）が生じます。このときの売却益 ¥18,000は**有価証券売却益（ゆうかしょうけんばいきゃくえき）勘定（収益の勘定）の増加として処理**します。

(借) 未収金[02]	120,000	(貸) 有価証券	102,000
		有価証券売却益	18,000

02) 商品売買に係る債権ではないので、売掛金勘定ではなく、未収金勘定を用いて処理します。
Chapter 7 Section 2を参照ください。

例1-3

後日、さらにN社株2株のうち1株を ¥90,000で売却し、代金は現金で受け取った。

取得原価 ¥102,000の有価証券を ¥90,000で売却するので ¥12,000の損失（売却損）が生じます。このときの売却損 ¥12,000は**有価証券売却損（ゆうかしょうけんばいきゃくそん）勘定（費用の勘定）の増加として処理**します。

(借) 現金	90,000	(貸) 有価証券	102,000
有価証券売却損	12,000		

4 公社債の処理

公社債を購入する場合も、株式と同じように、有価証券勘定で処理します。また、処理のしかたも基本的に違いはないのですが、「**口数**[01]（**1口＝100円**）」で計算するため注意が必要です。

01) 株式と違って、公社債は1株ではなく1口と数えます。

⑴購入時

> **例1-4**
> **T社発行の額面 ¥2,000,000 の社債を @¥100 につき@¥97 で購入し、代金は小切手を振り出して支払った。**

公社債を購入したときには、次のように口数で計算します。

額面総額¥ 2,000,000 ÷ 1口（くち）当たり額面 ¥100 ＝ 20,000 口（くち）[01]

01) もともと、額面総額とは1口あたり額面に購入口数を掛けたものであることに注意してください。

したがって、このときの有価証券の購入額（取得原価）は ¥1,940,000（@¥97 × 20,000 口（くち））です。

（借）	有価証券	1,940,000[02]	（貸）	当座預金	1,940,000

02) 単に¥2,000,000 × 97%としても OK です。

⑵売却時

> **例1-5**
> **T社社債のうち、額面 ¥1,000,000 を @¥100 につき @¥98 で売却し、代金は現金で受け取った。**

公社債を売却したときには「何口売ったか」について次のように計算します。

額面総額 ¥1,000,000 ÷ 1口（くち）当たり額面 ¥100 ＝ 10,000 口（くち）

したがって、**例1-5** では取得原価 ¥970,000（@¥97 × 10,000 口）の有価証券を ¥980,000（@¥98 × 10,000 口）で売却したことになります。

（借）	現金	980,000	（貸）	有価証券	970,000
				有価証券売却益	10,000

> **例1-6**
> **後日、残りのT社社債、額面 ¥1,000,000 を @¥100 につき @¥96 で売却し、代金は現金で受け取った。**

後日T社社債の残り、額面 ¥1,000,000 を@¥100 につき@¥96 で売却したので、取得原価 ¥970,000（@¥97 × 10,000 口）の有価証券を ¥960,000（@¥96 × 10,000 口）で売却したことになります。

（借）	現金	960,000	（貸）	有価証券	970,000
	有価証券売却損	10,000			

有価証券の処理

⑴ **次の連続した取引について仕訳を行いなさい。**

6.10 甲社株式を売買目的で１株あたり ￥550 で 2,000 株購入し、代金は手数料 ￥20,000 とともに小切手を振り出して支払った。

9.25 甲社株式を１株あたり ￥590 で 500 株売却し、代金は月末に受け取ることとした。

⑵ **次の連続した取引について仕訳を行いなさい。**

4.20 乙社発行の額面 ￥4,000,000（一口の額面 @￥100）の社債を @￥98 で売買目的で買い入れ、手数料 ￥20,000 とともに小切手を振り出して支払った。

7.5 乙社社債のうち額面 ￥1,600,000 を @￥100 につき @￥97 で売却し、代金は他社振出小切手で受け取った。

6.10 の取引のときに１株あたり取得原価を @￥560 と計算しておくと後が楽です。
￥1,120,000÷2,000 株＝@￥560

▶ 簿記のルール④ 取得原価は支払った金額（付随費用を含む）で決まる ◀

今、私の目の前にペットボトルのジュースがあるとしましょう。

そして、みなさんに「そのジュースはいくらでした？」と聞かれたとしましょう。

私は、そのジュースを近くの自動販売機で買っていたとすると「150 円」と答えるでしょう。しかし、もし私がその（同じ）ジュースを近くのスーパーで買っていたとすると、「98 円」と答えるかもしれませんし、もしもどこかの山の上の売店で買っていたなら、「300 円」と答えることになるかもしれません。

つまりモノの（取得）原価は、そのモノを手に入れるために支払った金額（対価ともいいます）で決まるものなのです。

たとえば今、みなさんが新聞の株式市況欄に 10 万円と出ている会社の株式を買いたいと思ったとしましょう。

10 万円を握り締めてその会社に行けば買えるでしょうか？

買えませんね。当然に「証券会社に行ってください」と言われます。

では、証券会社でその会社の株式を 10 万円で買えるでしょうか？

買えませんね。当然いくらか（2％としましょう）の手数料を支払わなければ売ってくれません。

と、いうことは…。

この株式を手に入れるには、102,000 円を支払わないと手に入らない、ということになります。ですから、この株式の取得原価は 102,000 円となるのです。

「取得原価は支払った金額（付随費用を含む）で決まる」は、簿記の根本的なルールなのです。

(1)

6.10	(借) 有価証券	1,120,000	(貸) 当座預金	1,120,000

9.25	(借) 未収金	295,000	(貸) 有価証券	280,000
			有価証券売却益	15,000

(2)

4.20	(借) 有価証券	3,940,000	(貸) 当座預金	3,940,000

7.5	(借) 現金	1,552,000	(貸) 有価証券	1,576,000
	有価証券売却損	24,000		

(1)

6.10　¥550 × 2,000 株 + ¥20,000 ＝ ¥1,120,000　（取得原価）
　　　¥1,120,000 ÷ 2,000 株 = ¥560　（1 株あたりの取得原価）

9.25　（¥590 － ¥560）× 500 株 = ¥15,000　（売却益）

(2)

4.20　¥4,000,000 ÷ ¥100 ＝ 40,000 口
　　　¥98 × 40,000 口 + ¥20,000 ＝ ¥3,940,000　（取得原価）
　　　¥3,940,000 ÷ 40,000 口 = ¥98.5　（1 株あたりの取得原価）

7.5　¥1,600,000 ÷ ¥100 ＝ 16,000 口
　　　（¥97 － ¥98.5）× 16,000 口 = △¥24,000　（売却損）

Section 1 のまとめ

☆有価証券は、株式会社が発行する株式や社債、国や地方公共団体が発行する国債・地方債をいいます。

取得原価＝購入代価＋付随費用

有価証券売却損益 ＝ 売却価額 － 帳簿価額
　売却価額 > 帳簿価額 → 売却益
　売却価額 < 帳簿価額 → 売却損

●参　考●

商品売買の分記法

商品売買を分記法で処理する方法は、全経では基礎簿記会計で学習する内容です。

分記法では、商品を購入したときに商品勘定（資産の勘定）の増加で処理し、販売したときに商品勘定の減少で処理するので、その点では売上原価対立法と同じです。

ただし、分記法においては、商品の仕入原価と販売金額の差額を商品販売益勘定（収益の勘定）で処理するという点では、有価証券の売却時の処理と同じ考え方をしているといえます。

(1)分記法とは

分記法[01]とは、商品を購入したときは、商品（資産）の増加として商品勘定の借方に記入し、商品を販売したときは商品（資産）の減少として、販売した商品の仕入原価を商品勘定の貸方に記入する記帳方法です。

このさい、**販売した商品の販売価格**[02]**と販売した商品の仕入原価**[03]**との差額を、商品販売益勘定（収益の勘定）の貸方に記入します。**

01) 商品販売の取引を原価と販売益の２つに分けて記帳する方法です。

02) 商品の販売価格(売価)は、仕入原価（原価）と商品販売益（利益）の合計額になります。

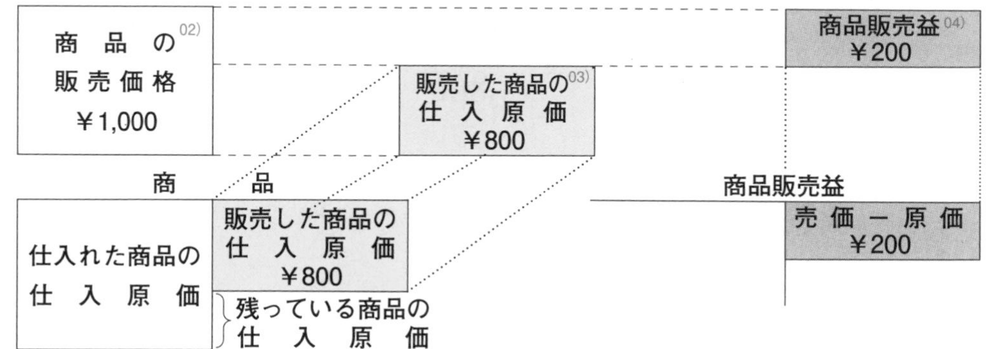

(2)分記法の処理

分記法の処理については、①商品を購入したとき、②商品を販売したときに注意してください。

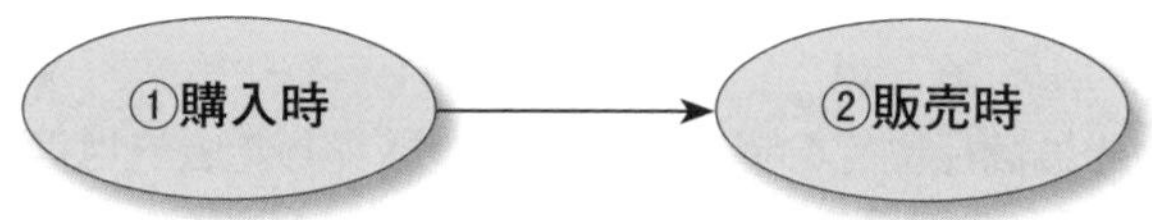

03) 商品の購入に要した金額のことを仕入原価といい、そのうち販売した商品の分の仕入原価を売上原価といいます。

04) 商品販売益のことを粗利益（あらりえき）または粗利といいます。

①商品の購入時

例1

松山商店より商品 ¥800 を現金で購入した。

商品を購入したときは、商品勘定の借方に記入します。これは、商品という資産が増えたためです。

(借) 商　品	800	(貸) 現　金	800

商　品

現金　800	

商品販売益

②販売時

例2

商品 ¥800 を高知商店に現金 ¥1,000 で販売した。

商品を販売したときは、その商品の原価を商品勘定の貸方に記入して減少させ、販売価格と商品の原価の差額を商品販売益勘定の貸方に記入します。

(借) 現　金	1,000	(貸) 商　品	800
		商品販売益	200

商　品

現金　800	現金　800

商品販売益

	現金　200

商品売買の分記法　のまとめ

☆分記法とは、商品を仕入れたときは商品勘定の借方に記入し、販売したときは商品勘定の貸方に記入し、売却価額と仕入原価との差額を商品販売益勘定の貸方に記入する方法です。

■仕入時	(借) 商　品（資産の増加）	××	(貸) 現　金※	××
■販売時	(借) 現　金※	×××	(貸) 商　品（資産の減少）	××
			商品販売益（収益の発生）	×

※現金で取引をした場合。

有形固定資産

重要度レベル ★★★★★

はじめに

会社には、土地、建物、そして事務作業に使うパソコンなどの機器があります。これらの資産は有形固定資産といい、土地は別として、利用することで日々価値が減少していきます。しかし商品のように数が減ったりしないため、価値の減少をどのように把握すればいいかがわかりません。
では、有形固定資産の価値の減少はどのように把握すればいいのでしょうか？

1 有形固定資産とは

営業用の**土地**、店舗・倉庫などの**建物**、椅子・机・コンピュータなどの**備品**、配達用のトラックなどの**車両運搬具**のように**長い期間、営業に使用するために所有する資産**[01]を**有形固定資産**といいます。

こうした資産は、長期的に営業に使用されるため、土地以外のもの[02]は次第に老朽化し、使えば使うほど価値が下がっていきます。このために**減価償却**という手続きを行います。

減価償却とは、営業に使用することによって固定資産の価値が下がったとして、その価値の減少を見積もり、費用として計上する手続きです。

01）固定資産は、販売を目的としたものではありません。
販売を目的とすると、商品となります。したがって不動産会社にとって土地は商品です。

02）土地は永久資産といわれ、使用などによっては価値が下がらないとされています。

「償却」という言葉には「費用化」という意味があります。
すなわち、「固定資産の価値を減らして費用化する」。これが減価償却です。

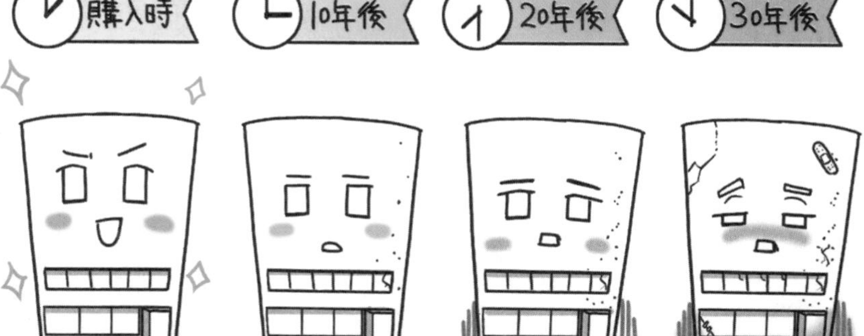

2 有形固定資産の処理

有形固定資産の処理では、(1)購入したとき、(2)決算のとき、の２つに注意してください。

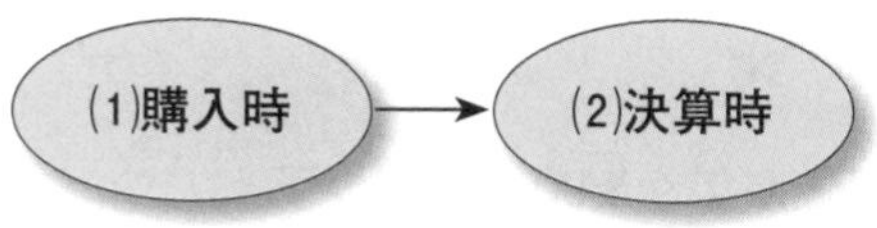

(1)購入時

例2-1

×１年４月１日に業務用パソコンを ¥290,000 で購入し、代金を送料 ¥10,000 とともに現金で支払った。

有形固定資産を購入したときには、その有形固定資産の名称をつけた勘定で処理します。**例2-1** では、備品勘定（資産の勘定）の増加として処理します。なお、購入に伴う手数料等の諸費用[01]も備品勘定に含めるため、備品勘定には ¥300,000[02] と記入します。

（借）備　　　品	300,000	（貸）現　　　金	300,000

⑵決算時

例2-2

×2年3月31日となり決算をむかえた。上記パソコン（¥300,000）の耐用年数は3年、残存価額は取得原価の10%であった。

決算のときには、上記のパソコンについて減価償却を行い、減価償却費を計上する必要があります。

①減価償却費の計算方法

決算にさいし、使用した1年間で有形固定資産の価値が下がった分を費用として計上します[03]。減価償却費の計算方法としては**定額法**（ていがくほう）[04]を用います。定額法とは**毎年同じ額だけ固定資産の価値が下がる**と考えて、減価償却費を計算する方法で、次のように算定します。

$$\frac{\text{取得原価}-\text{残存価額}^{05)}}{\text{耐用年数}^{06)}}=\text{減価償却費}$$

本年度の減価償却費は次のように計算されます。

$$\frac{¥300{,}000-¥300{,}000\times10\%}{3\text{年}}=¥90{,}000$$

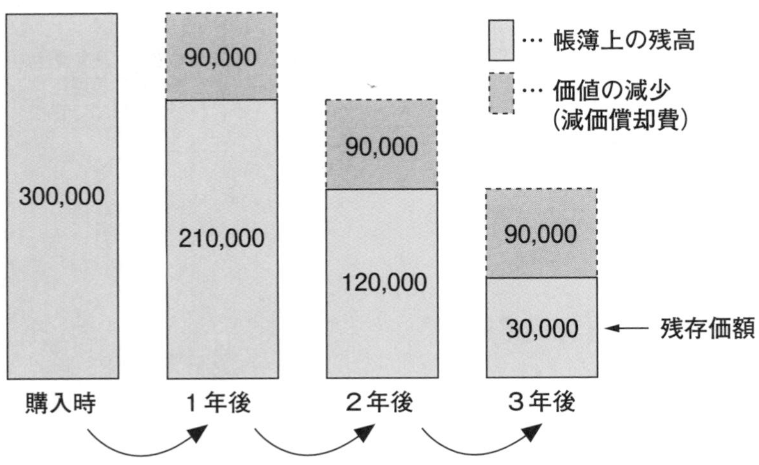

上の図は取得原価 ¥300,000 の備品の価値が年々¥90,000 ずつ下がり、その分が減価償却費として計上される様子を示しています。

01) この諸費用のことを「付随費用」といいます。有形固定資産が使用できるまでにかかる費用のことで、送料の他に手数料や据付費（すえつけひ）、登記料や試運転費などがあります。
なお、「付随費用」を取得原価に含めるのは、有価証券の購入と同じです。

02) この金額を「取得原価」といい、次のように計算します。
取得原価＝購入代価（パソコン本体価格）＋付随費用（送料など）

03) 価値の減少は、日々起こっているのですが、日々処理することは煩雑なため、年に一度の決算のさいに減価償却の処理を行います。

04) 最も基本的な方法で3級の出題範囲である定額法を学習します。

05) 残存価額とは耐用年数が経過した後の処分価額（スクラップとしての価額）をいい、使い終えても残る価値ですから、取得原価から差し引いて減価償却費を計算します。ただし、平成19年度以降は残存価額を0とすることが認められたため、最近の出題では残存価額が0の問題が多くなっています。

06) 固定資産の使用可能な年数を耐用年数といいます。使用に耐えて用いることのできる年数です。

②減価償却の記帳方法

減価償却の記帳は、**直接法**[07]を用いて行います。

直接法では減価償却費を、減価償却費勘定を用いて計上するとともに、**その価値の減少額だけ備品勘定を直接減らします**。

(借) 減価償却費	90,000	(貸) 備　　品	90,000

直接法の帳簿価額[08]（取得原価から減価償却分を差し引いたもので、現在の実質価額を示すもの）の計算について１年目と２年目を例にとって、図によって説明しましょう。

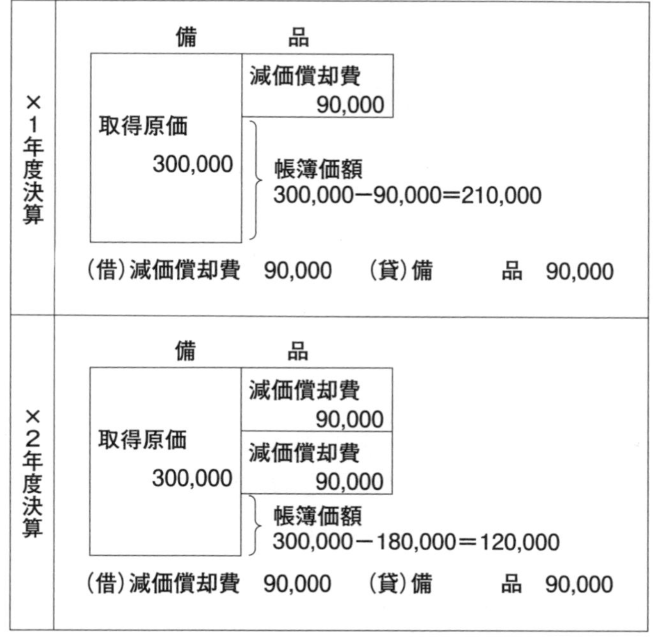

直接法では、備品勘定が減価償却分だけ減らされるため、備品勘定の残高（帳簿価額）が毎期減少していきます。

07）間接法もありますが、全経簿記では２級で学習します。

08）帳簿価額のことを省略して簿価（ぼか）ということもあります。

3 固定資産台帳

固定資産台帳とは、所有する固定資産ごとに、取得から売却・除却[01]・廃棄に至るまでの過程を記録する帳簿です。

例2-3

愛知商会の下記の資料にもとづき、当期末（×４年３月31日）時点の固定資産台帳の記入を行いなさい。

【資料】

（1）×２年４月10日に事務用パソコン１台（耐用年数４年）を¥180,000で購入し、代金は現金で支払った[02]。

（2）×３年７月１日に会議用テーブル１個（耐用年数８年）を¥120,000で購入し、代金は現金で支払った[03]。

（3）減価償却の方法は、いずれも残存価額０による定額法による。なお、期中取得分は月割で計算すること。

固定資産の種類ごとに、購入時、決算時の仕訳を考えてみましょう。

金額の計算だけであれば、仕訳をしなくても求められるのですが、まずは購入から当期の決算までの動きをしっかりとイメージできるようになることが大切です。

（1）事務用パソコン

×2年 4月 10日	（購入時）	（借）備　品	180,000	（貸）現　金	180,000
×3年 3月 31日	（決算時）	（借）減価償却費	45,000	（貸）備　品	45,000
×4年 3月 31日	（決算時）	（借）減価償却費	45,000	（貸）備　品	45,000

（2）会議用テーブル

×3年 7月 1日	（購入時）	（借）備　品	120,000	（貸）現　金	120,000
×4年 3月 31日	（決算時）	（借）減価償却費	11,250[04]	（貸）備　品	11,250

01）除却とは、固定資産を事業用から除くことをいいます（固定資産台帳からも除きます）。

02）減価償却費は、厳密には「使用開始日」から計算しますが、特に指示がなければ取得日から使用を開始として計算します。また、月の途中から（月の途中まで）でも１カ月分の減価償却費を計上します。

03）減価償却費は月割（月単位）で計算します。(2) は 7/1 ～ 3/31 の９カ月分の減価償却費を計上します。

04）¥120,000 ÷ ８年 $\times \frac{9カ月}{12カ月}$ = ¥11,250

固定資産台帳

愛知商会　　　　自 ×3年4月1日　至 ×4年3月31日

資産名	種類	取得年月日	数量	償却方法	耐用年数	取得原価	期首帳簿価額
パソコン	備品	×2年4月10日	1	定額法	4年	180,000	135,000[05]
会議用テーブル	備品	×3年7月1日	1	定額法	8年	120,000	0

↑固定資産の種類　↑取得した日　↑固定資産の取得原価　↑期首の帳簿価額

期中増加	期中減少	当期減価償却費	期末帳簿価額	処分見込価額	摘要
0	0	45,000	90,000[06]	0	
120,000	0	11,250	108,750[07]	0	

↑期中取得で増加した金額　↑期中に売却、廃棄などで減少した金額　↑当期の減価償却費　↑期首帳簿価額－当期減価償却費　↑残存価額

参考として備品勘定の記入[08]を示すと下記のとおりです[09]。

備品

×2・4/10	現金	180,000	×3・3/31	減価償却費	45,000
			×3・3/31	次期繰越	135,000
		180,000			180,000
×3・4/1	前期繰越	135,000	×4・3/31	減価償却費	56,250
×3・7/1	現金	120,000	×4・3/31	次期繰越	198,750
		255,000			255,000
×4・4/1	前期繰越	198,750			

05) ¥180,000(取得原価)－¥45,000（×3年3/31の減価償却費）＝¥135,000

06) ¥135,000（期首帳簿価額）－¥45,000（当期減価償却費）＝¥90,000

07) ¥120,000（取得原価）－¥11,250（当期減価償却費）＝¥108,750

08) 事務用パソコンと会議用テーブルはともに備品に該当するので、まとめて記入します。

09) 帳簿の締切りについてはChapter12 Section 3で学習します。

固定資産の処理

次の連続した取引について仕訳を行いなさい。減価償却費の計算は定額法、記帳は直接法により行う。なお、会計期間は3月31日を決算日とする1年である。

×1.4.1　建物 ¥2,850,000を購入し、購入代価は小切手を振り出して支払い、仲介手数料 ¥150,000は現金で支払った。

×2.3.31　決算につき、建物の減価償却を行う。なお、残存価額は0、耐用年数は15年とする。

×1.4.1	(借) 建　　物	*3,000,000*	(貸) 当座預金	*2,850,000*
			現　　金	*150,000*

×2.3.31	(借) 減価償却費	*200,000* 01)	(貸) 建　　物	*200,000*

01) (¥3,000,000 −¥0)÷15年 =¥200,000

Section 2 のまとめ

☆有形固定資産は、土地、建物、備品、車両運搬具のように長い期間営業に使用するために所有する資産をいいます。
☆減価償却は、営業に使用することによって固定資産の価値が下がったとして、その価値の減少を見積もり、費用として計上する手続きです。

取得原価 ＝ 購入代価 ＋ 付随費用

$$減価償却費 = \frac{取得原価 - 残存価額}{耐用年数}$$

購入時	決算時
(借) 備品など ××× (貸) 現金など ×××	(借) 減価償却費 × (貸) 備品など ×

コラム

ペットはなにに勘定？

みなさんはペットを飼っていますか？　また、過去に飼ったことがありますか？
私は小さい頃から鳥が大好きで、よく鶏肉に毛が生えたくらいの雛鳥を買ってきて、掌の上で育てていました。成長しても、それはもうかわいくて……。

さて、このときの鳥の購入代金、なに勘定で処理するかわかりますか？
「借方・食費」コラコラ、それは目的が違う（笑）。
あくまでもペットとして買ってきた動物です。
実は、「備品」なんです。確かに番犬を思えば備品というのもわかるのですが、いくらかわいくても彼らは、簿記上は備品なのです。

と、いうことは……。
耐用年数を決められて、減価償却されちゃうんですね。
うちのピースケ、現在の簿価はいくらなのだろうか……。

Chapter 10

株式の発行

Section1 株式の発行　重要度レベル ★★★★★

Section2 株式会社の資本構成　重要度レベル ★★☆☆☆

資本と利益

貸借対照表の純資産（資本）には、株主の出資によるもの（資本金）と、会社が自ら稼いだ利益の繰り越しによるもの（繰越利益剰余金）とがあります。

全経３級では、会社の設立時に株式を発行して資本金を集める取引と、決算において計算した当期純利益を繰越利益剰余金に振り替える処理の２つが重要です。

この２つの処理をしっかりおさえておきましょう。

株式の発行

重要度レベル ★★★★★

はじめに

株式会社を設立するためには、株式を発行して元手となる資金を集めます。
それは、どういうことなのでしょうか？
ここでは全経３級の学習内容のもととなっている株式会社についてみていきましょう。

1 株式会社とは

出資者に株式を発行して、資金を調達し、その資金で事業を行う会社のことをいいます。

2 株式とは

株主総会に出席して意見を言う権利や、会社の利益から配当を受ける権利など株式会社[01]**におけるオーナー（出資者）としての地位を株主といい、**それを具体化したものを株式といいます[02]。

01) 株式会社は出資額が少額に分けられた株式と、出資額までしか責任を負わない（損しても出資額まで）、間接有限責任であることで大量の資金を調達することができます。

02) 現在は「株券不発行」が原則であり、印刷物としての株券はなくなってきていますが、印刷物であるかどうかにかかわらず、株式が株主としての地位を表すものであることに変わりはありません。

3 会社設立時の株式発行の処理

株式を発行して、株主から資金が振り込まれたときは、払込金額[01]を**資本金勘定（純資産の勘定）の増加として処理**します。

例1-1

×１年４月１日、株式200株を１株あたり ¥100,000 で発行し、払込金は現金で受け取り、会社を設立した。

会社法の規定では、原則として払込金額の全額を資本金としなければいけません。

(借) 現　　金	20,000,000	(貸) 資 本 金	20,000,000[02]

01) 株式の発行により出資された財産の金額です。

全経３級では、会社法に規定された原則処理を学習します。

02) 株式の発行により出資された元手の金額です。

株式の発行 **次の取引の仕訳を示しなさい。**

大山商会は会社設立にあたり、株式200株を1株の発行価額 ¥60,000で発行し、全株式の払込みを受け、払込金額は当座預金とした。

(借) 当座預金	12,000,000	(貸) 資本金	12,000,000

Section 1 のまとめ

☆株式を発行して調達した資金で事業を行う会社を株式会社といいます。
☆株式会社に出資して株式を有する、株式会社におけるオーナーとしての地位を株主といいます。
☆株式の払込金額は全額を資本金とします（原則）。

株式会社の資本構成

重要度レベル ★★☆☆☆

はじめに

全経３級では、貸借対照表の純資産（資本）のうち、株主の出資による「資本金」と、会社が自ら稼いだ利益による「繰越利益剰余金」の２つが大事になります。
ここでは純資産（資本）が、どのように分類されるのか、簡単にみておきます。
出資による「資本金」と、利益による「利益剰余金」が分かれている、ということをおさえておいてください。

1 株式会社の設立

株式会社を設立するには、会社法の規定に従って定款その他の書類を作成し、登記することが必要です[01]。定款は会社の基本的事項を定めた書類であり、その会社の目的や商号、設立にさいして出資された財産の価額などが記載されます。

01）登記とは、人間でいえば誕生に相当します。

2 株式会社の資本構成

株式会社では、その会社形態の性質から株主資本[01]の内容を以下のように分類し、処理していきます。

01）株主が出資した資本金も、その資金を元に獲得した利益も、株主に帰属するものなので「株主資本」といいます。

株主資本[01]の構成

- 株主資本（純資産）
  - 資本金
  - 利益剰余金
    - 利益準備金
    - その他利益剰余金

貸借対照表の表示

純資産の部		
Ⅰ 株主資本		
1 資本金		1,000,000
2 利益剰余金		
(1) 利益準備金		
(2) その他利益剰余金		
繰越利益剰余金	225,000	225,000
純資産合計		1,225,000

それぞれの項目について簡単にみておきましょう。

その他利益剰余金が正解です。その他の利益剰余金は存在しません。

1．資本金

法定資本ともいわれ、資本金として払込みのあった会社財産の金額を示しています。

2．利益剰余金

利益[02)]を源泉とする資本をいいます。

⑴利益準備金

２級で学習します。

⑵その他利益剰余金

利益を源泉とする資本のうち、利益準備金以外のものをいいます。

繰越利益剰余金[03)]

前期までに獲得した利益の残りをいいます。

02）会社が自ら獲得したものです。

03）株式会社では決算において損益勘定で算定された純損益をこの繰越利益剰余金勘定へ振り替えます。この振り替えについては、Chapter 12で学習します。

株式会社の資本構成 **次の貸借対照表（純資産の部）の（イ）～（ニ）に適当な語句または金額を記入しなさい。**

純　資　産　の　部

Ⅰ　株　主　資　本		
1　資　　本　　金		1,000,000
2　利　益　剰　余　金		
(1)　利　益　準　備　金	100,000	
(2)　（　　イ　　）		
（　　ロ　　）	（　ハ　）	（　ニ　）
株　主　資　本　合　計		1,400,000

イ．その他利益剰余金

ロ．繰越利益剰余金

ハ．*300,000*

ニ．*400,000*

株主資本合計は、資本金と利益剰余金の合計なので、ニ．は
¥1,400,000 － ¥1,000,000 ＝ ¥400,000　となります。

利益剰余金は、利益準備金とその他利益剰余金に分けられます。
利益剰余金の金額はニ．の¥400,000なのでハ．は
¥400,000 － ¥100,000 ＝ ¥300,000　となります。

繰越利益剰余金は、その他利益剰余金の中の項目の一つとなります。

Section 2 のまとめ

■出資による「資本金」と、利益による「利益剰余金」に分かれている、ということがポイントです。

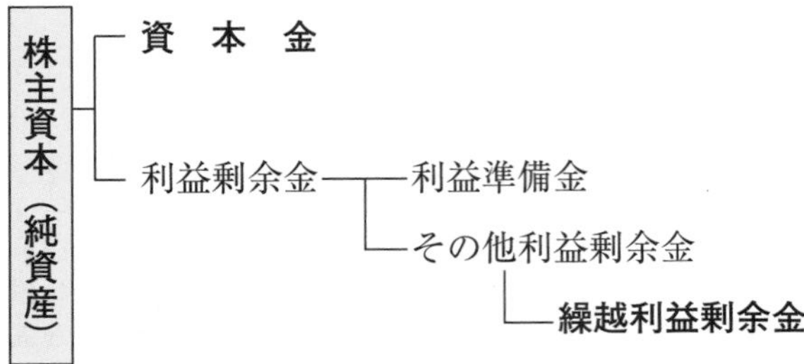

資本金：会社設立時に株式を発行して株主から集めた資金（元手）。
繰越利益剰余金：決算で計算した当期純利益を振り替えて繰り越す勘定。
当期純利益で増加し、当期純損失で減少します。

コラム

わかった気になっちゃいけない！

実力がつく問題の解き方をお伝えしましょう。

①まず、とにかく解く

このとき、自信がないところも想像を働かせて、できる限り解答用紙を埋める。

②次に、採点をして解説を見る

このとき、自分が解答できなかったところまで含めて、すべての解説に目を通しておく。

ここでわかった気になって、次の問題に行くと、これまでの努力が水泡に帰す。

分かった気になっただけでは、試験での得点にはならない。

だから、これをやってはいけない！

③すぐに、もう一度“真剣に”解く。

ここで、わかっているからと気を抜いて解いてはいけない。

真剣勝負で解く。そうすればわかっている所は、頭に定着するし、わかっていないところも「わかっていない」ことがはっきりする。

④最後に、わかっていないところを復習しておく。

つまり、勉強とは「自分がわかっている所と、わかっていないところを峻別する作業」なのです。

こうして峻別して、わかっていないところをはっきりさせておけば、試験前の総復習もしやすく、確実に実力をつけていくことができますよ。

Chapter 11

決算の手続き(2)

ここが勝負！

全経３級の試験では、毎回必ず、決算整理の問題が出題されます。ですから、全経３級の合格にはこのChapterで学習する内容の理解が必須条件になります。

特にSection 2の「売上原価の計算」、Section 3の「貸倒れの見積もり」は先のChapter 8「現金過不足の処理」、Chapter 9「固定資産の減価償却」とともに毎回出題されている内容ですから、完璧にマスターして、次のChapterの精算表に進む準備をしておきましょう。

さぁ、気合を入れて進めていきましょう！

決算整理記入

重要度レベル ★★★★☆

はじめに

期中の記入を正しく行っても、決算のときに資産・負債・純資産（資本）・収益・費用の金額を修正しなければならないものがあります。このように会計期間中の通常の処理とは別に、決算のときに修正を必要とする事柄を決算整理事項（決算修正事項）といいます。
では、この決算整理事項にはどのようなものがあるのでしょうか。

1 決算の手続き

Chapter 6でも示したように、決算には、以下の3つの手続きがありました。

このうち、⑵決算本手続では次のようなことを行います。

⑴決算予備手続 → ⑵決算本手続 → ⑶決算報告手続

⑵決算本手続

純利益の算定や帳簿の締切りなど、決算の一番主要な手続き。

a. **決算整理記入**を行います。

b. **決算振替記入**…収益・費用の諸勘定を**損益勘定**に集め、**当期純利益**を算定して締め切ります。

c. 各帳簿の**締切り**を行います。

d. **繰越試算表**を作成します。

b. 決算振替記入以降については、Chaper12で学習します。

このChapterでは、決算本手続の中でも決算整理記入について学習します。

2 決算整理事項とは

期中に行う通常の処理とは別に、決算にあたって修正が必要な事柄を決算整理事項といいます。なお、本テキストでは検定試験での出題範囲を踏まえ、次の決算整理事項について学習します[01]。

決算整理事項

売上原価の算定	貸倒れの見積もり
固定資産の減価償却	現金過不足の処理
消耗品費の処理	費用の見越し繰延べ

01）このうち、固定資産の減価償却、現金過不足の処理の2つはすでに学習しています。

また、これらの**決算整理事項の処理を行い、それぞれの総勘定元帳の勘定口座に転記することを決算整理記入といいます。**決算整理記入をした後に計算される残高が、損益計算書や貸借対照表に表示する金額となるため非常に大事な処理となります。

3 すでに学習した決算整理事項

まず、すでに学習した決算整理事項について、復習しておきましょう。

(1)固定資産の減価償却

例1-1

本日決算につき、当年度期首に取得した建物について定額法によって減価償却を行う。なお取得原価は ¥500,000、残存価額は 0、耐用年数は 10 年であり、直接法により記帳する。

(借)	減価償却費	50,000[01]	(貸)	建物	50,000

01) $\frac{¥500,000-¥0}{10年}$ =¥50,000

(2)現金過不足の処理

例1-2

本日決算につき、期中に計上した現金過不足（借方）¥50,000 を雑損に振り替えた。

(借)	雑損	50,000	(貸)	現金過不足	50,000

決算整理記入 **決算日において、次の取引の決算整理仕訳を示しなさい。**

(1) 備品について定額法により減価償却を行う。
備品：取得原価 ¥200,000 耐用年数 10 年 残存価額 0
減価償却の記帳は直接法による。

(2) 期中に現金 ¥7,000 が帳簿残高よりも増加していることが判明したため、現金過不足として処理していた。決算となっても原因が不明につき、雑益として処理することとした。

(1)	(借)	減価償却費	20,000	(貸)	備品	20,000
(2)	(借)	現金過不足	7,000	(貸)	雑益	7,000

(1) （¥200,000 − ¥０）÷ 10 年 = ¥20,000
残存価額が０となっている点に注意しましょう。

(2) 期中に行った処理

(借)	現金	7,000	(貸)	現金過不足	7,000

帳簿残高 vs 実際残高	現金過不足	決算での処理
帳簿残高 ＞ 実際残高	**借方**	**雑損**
帳簿残高 ＜ 実際残高	**貸方**	**雑益または雑収入**

Section 1 のまとめ

☆決算整理事項　…　決算にあたって修正が必要な事柄。

☆決算整理記入　…　決算整理事項の処理を行い、それぞれの総勘定元帳の勘定口座に転記すること。
決算整理記入をした後に計算される残高が、損益計算書や貸借対照表に表示する金額となる。

☆決算整理事項<復習>

①　固定資産の減価償却：Chapter 9　Section 2参照。直接法で処理。

(借) 減価償却費	×××	(貸) 備　品など	×××

②　現金過不足の処理：Chapter 8　Section 4参照。

(借) 雑　　　損	×××	(貸) 現金過不足	×××

または、

(借) 現金過不足	×××	(貸) 雑　　　益	×××

売上原価の計算

うりあげげんか

重要度レベル ★★★★★

はじめに

当社は商品売買の記帳方法として三分法を用いています。
当期は 100 円の商品を 10 個仕入れて、120 円で 8 個販売しました。決算をむかえ、商品販売によって当期はいくらの利益を得たのか計算しようと思い、売上高960円から、仕入高1,000円をひいてみると40円の損失という結果になってしまいました。
「おかしいなぁ……？」と思い、顧問税理士の先生に聞いてみたところ、「この計算では間違っていますよ。仕入合計は売上原価とは違います。利益を求めるならば、売上合計から売上原価を引かないといけません」と指摘されました。
正しく利益を計算するにはどうするべきなのか、売上原価についてみていきましょう。

1 売上原価とは

当期に販売された商品の原価を売上原価（うりあげげんか）[01)] といい、三分法を採用している場合には、決算日に仕入勘定で売上原価を算定する必要があります [02)]。

三分法の仕入勘定の残高は、商品の純仕入高（仕入返品控除後）を示してはいても、もし期末に商品が在庫として残っていれば、売上原価を示すものではありません。したがって、売上合計から仕入合計を差し引いても、本当の商品販売益（売上総利益）は計算できません。

商品販売益（売上総利益）を計算するためには、まず売上原価を求めなければなりません。

> 売上高 － 売上原価 ＝ 商品販売益（売上総利益）

01）売上原価は費用です。￥100の商品を仕入れ、￥120で販売した場合の￥100が売上原価です。

02）期首と期末に在庫商品がない場合等、まれに仕入＝売上原価の関係が成立することもあります。

会計期間中に仕入勘定に記入する取引を思い出してください。仕入れたときと、商品を返品したとき以外は記入していません。つまり、この段階の仕入勘定は、純仕入高を示しているのです。

2 計算の仕組み

売上原価は次のように計算します。

> 売上原価 ＝ 期首商品棚卸高 [01)] ＋ 当期商品（純）仕入高 [02)]
> － 期末商品棚卸高 [03)]

三分法における売上原価の計算は、2つの STEP を踏んで行われます。

> 売上原価対立法を採用している場合には、期中の処理で売上原価勘定に売上原価が記入されているため、決算整理は必要ありません。

01）期首商品棚卸高とは期首に倉庫にあった商品の在庫の金額です。

02）当期商品純仕入高とは当期の実質的な仕入高のこと。当期に仕入勘定に計上した金額の合計から返品を差し引いて計算します。つまり、仕入勘定の残高です。

03）期末商品棚卸高とは期末に倉庫にある商品の在庫の金額です。

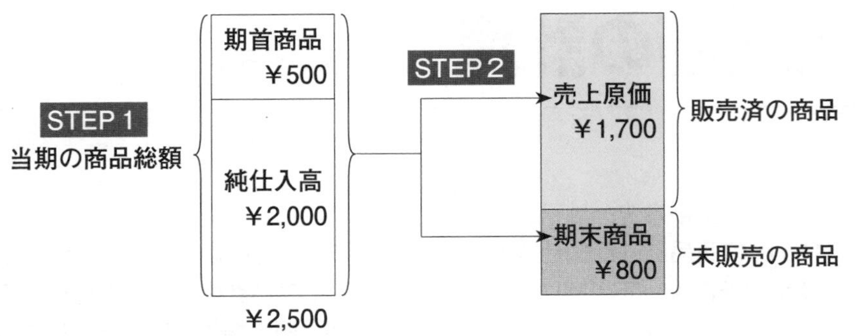

￥500＋￥2,000－￥800＝￥1,700
期首に500個の商品があり、当期に2,000個仕入れ、期末に800個残っている、このときに売れた個数は1,700個ですね。これと同じイメージです。

STEP 1

期首商品棚卸高（￥500）**と当期商品（純）仕入高**（￥2,000）**とを合計**します。これは当期の商品総額（￥2,500）を計算するための手続きです。

STEP 2

上記の商品総額は２つに分かれます。それは、「販売済の商品」と「未販売の商品」です。販売済の商品の原価が売上原価ですから、**商品総額**（￥2,500）**から未販売の商品の原価**（期末商品棚卸高＝￥800）**を差し引くことによって、売上原価**（￥1,700）**を計算**することができます。

これは倉庫に入ったすべての商品の合計額を求めるというイメージです。もし仮に完売していれば￥2,500のすべてが売上原価になっていたはずです。

3 売上原価を帳簿上で計算するには

これまで算式で売上原価を求めていましたが、帳簿上で商品販売益の金額を明らかにするためには、この売上原価の計算を帳簿上で行う必要があります。

帳簿上、売上原価は仕入勘定で算定します[01]。

決算直前の勘定口座の残高は次のとおりです。

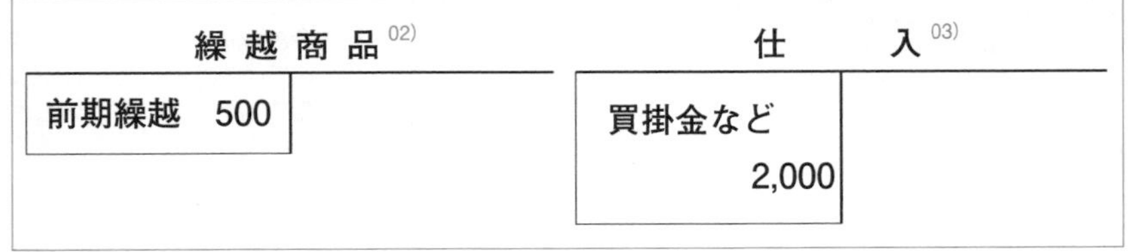

繰越商品[02]	
前期繰越　500	

仕　　入[03]	
買掛金など 2,000	

01）帳簿上で「期首商品棚卸高＋当期商品仕入高－期末商品棚卸高」を行いますが、そのさいに用いる勘定が、仕入勘定です。

02）繰越商品勘定の残高は期中に変動がない（仕入時⇒仕入勘定、販売時⇒売上勘定をそれぞれ用いる）ため、期首商品の棚卸高を示しています。

03）仕入勘定の残高は当期純仕入高を示しています。

4 仕入勘定における売上原価の算定

STEP 1 期首商品棚卸高の仕入勘定への振替え

この処理によって、当期の商品総額を計算します。

仕入勘定の借方にある当期商品純仕入高（¥2,000）に期首商品棚卸高（¥500）を加えるために、繰越商品勘定の借方にある期首商品棚卸高（¥500）を仕入勘定の借方に振り替え、繰越商品勘定の残高を一旦ゼロにします。

この仕訳は、外部との取引にもとづくものでも、減価償却費の計上のように価値の変動を認識するものでもありません。単に売上原価を算定するためだけのものです。

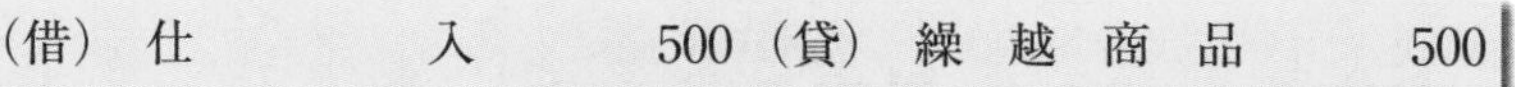

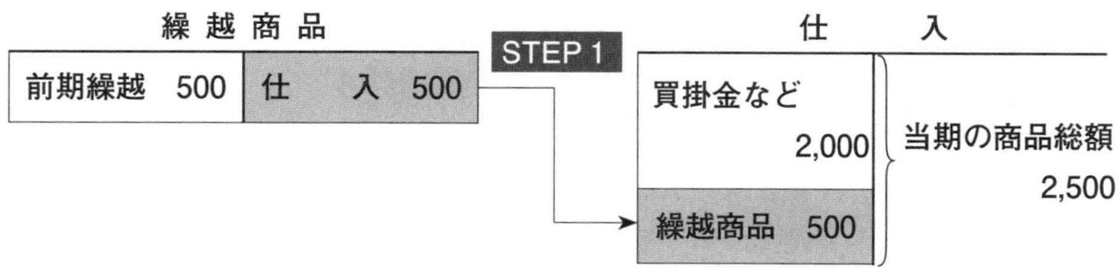

STEP 2 期末商品棚卸高の繰越商品勘定への振替え

当期の商品総額（¥2,500）**から期末商品棚卸高**（¥800）**を差し引いて売上原価を計算**します。そのために、**仕入勘定の貸方に期末商品棚卸高を記入して控除し、それを繰越商品勘定の借方に振り替え**ます。

（借）繰越商品　800（貸）仕　　入　800

このように処理することにより、仕入勘定の残高は売上原価 ¥1,700 を示すことになります[01]。

01）これと同時に繰越商品勘定は期末商品棚卸高を示すことになり、この額が次期に繰り越されます。

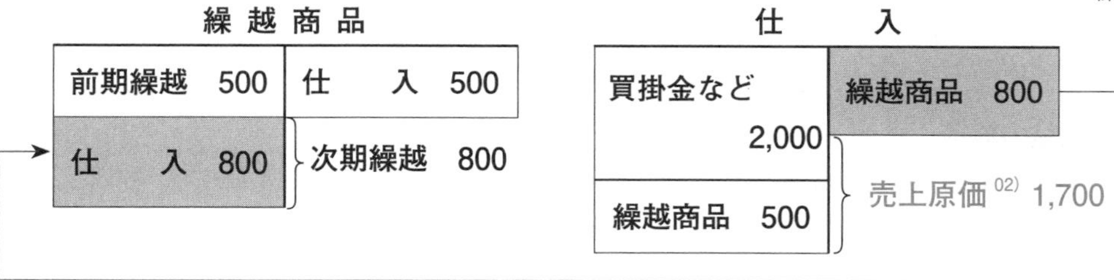

02）この売上原価と売上高（売上勘定の残高）を比較することにより商品販売益が判明します。

例 2-1

次の資料によって、期首純資産（資本）・売上原価・売上総利益・当期純利益の各金額を求めなさい。

⑴ 期首資産 ¥ 3,345,000（うち商品 ¥870,500）期首負債 ¥1,738,000
⑵ 期末資産 ¥ 4,492,400（うち商品 ¥912,100）期末負債 ¥1,875,300
⑶ 純売上高 ¥ 13,498,400
⑷ 純仕入高 ¥ 10,330,000

期首純資産(資本)	売上原価	売上総利益	当期純利益
¥ 1,607,000	¥ 10,288,400	¥ 3,210,000	¥ 1,010,100

STEP 1 売上原価の算定

上記の資料のうち、売上原価に関係する資料を抜き出します。

⑴期首資産のうち、商品 ¥870,500 → 期首商品（繰越商品の期首残高）
⑵期末資産のうち、商品 ¥912,100 → 期末商品（繰越商品の期末残高）
⑶純仕入高 ¥10,330,000

これを T フォームで表すと、以下のようになります。

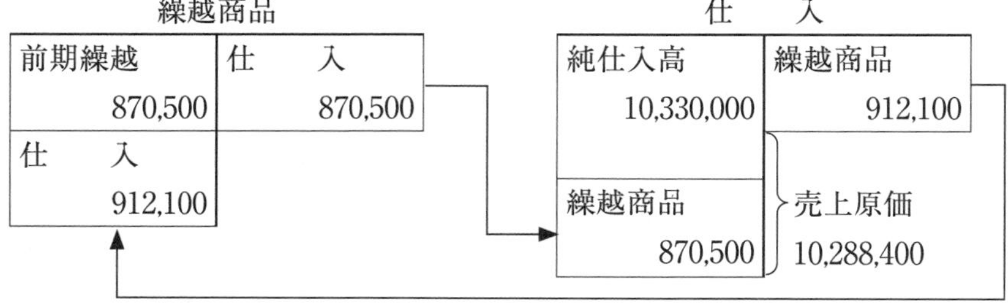

したがって、売上原価は ¥10,288,400 となります。

STEP 2 売上総利益の算定

売上総利益は、純売上高から売上原価を差し引くことで計算できます。

売上総利益：¥13,498,400 − ¥10,288,400 ＝ ¥3,210,000

STEP 3 期首純資産の算定

期首純資産は、期首資産から期首負債を差し引くことで計算できます。

期首純資産：¥3,345,000 − ¥1,738,000 ＝ ¥1,607,000

STEP 4 当期純利益の算定

当期純利益は、期末純資産から期首純資産を差し引くことにより計算できます。

まず、期末純資産を算定します。

期末純資産：¥4,492,400 − ¥1,875,300 ＝ ¥2,617,100

次に、期末純資産から、期首純資産を差し引きます。

当期純利益：¥2,617,100 − ¥1,607,000 ＝ ¥1,010,100

売上原価の計算

次の資料にもとづいて、必要な仕訳を行い、売上原価の金額を算定しなさい。なお、売上原価を仕入勘定で計算する。

■資　料■

繰越商品		仕入	
前期繰越　30,000		諸　口　250,000	

なお、期末商品棚卸高は ¥40,000 である。

売上原価を算定する仕訳

(借) 仕　入	*30,000*	(貸) 繰越商品	*30,000*	←期首商品
(借) 繰越商品	*40,000*	(貸) 仕　入	*40,000*	←期末商品

売上原価の計算

¥30,000（期首商品棚卸高）＋ ¥250,000（当期商品仕入高）－ ¥40,000（期末商品棚卸高）＝ ¥240,000（売上原価）

Section 2 のまとめ

☆売上原価は、当期に販売された商品の原価をいいます。

売上原価 ＝ 期首商品棚卸高 ＋ 当期商品（純）仕入高 － 期末商品棚卸高

①(借) 仕　入 ××× (貸) 繰越商品 ×××

②(借) 繰越商品 ××× (貸) 仕　入 ×××

売上原価の算定仕訳

仕入	
①前期繰越	売上原価
当期商品仕入	
	次期繰越②

貸倒れの見積もり

（かしだおれのみつもり）

重要度レベル ★★★★★

はじめに

仮に売上が順調に伸びて、大きな利益を計上することができたとしても、それが掛け売上だとしたら、売掛金を現金などで回収するまでは安心してはいけません。もしも得意先が倒産して売掛金を回収できなくなってしまったら、売り上げた代金を得ることなく、売り渡した商品がなくなってしまったことになります。
決算では、このような「貸倒れ」に備える処理も行います。みていきましょう。

1 貸倒れとは

得意先の倒産などにより、売掛金の代金が回収できなくなることを貸倒れといいます。

2 当期中に発生した売掛金の貸倒れ

当期の売上によって発生した売掛金が貸し倒れたときは、回収できなくなった売掛金を減らすとともに、貸倒損失を計上します。

⑴掛売時（当期）

例3-1
×１年５月１日に得意先神奈川商店に商品￥10,000を掛けで販売した。

（借）	売掛金	10,000	（貸）	売上	10,000

⑵貸倒時（当期）

例3-2
×１年10月１日、得意先神奈川商店が倒産し、売掛金￥10,000が全額貸し倒れた。

当期に発生した売掛金が貸し倒れたときは、**売掛金を減らすとともに、貸倒損失勘定（費用の勘定）で処理**します。当期に売り上げたことに起因して貸倒れが起こっているので、貸倒損失は当期の売上に対応する費用です。

このように当期に計上した収益（売上）と、それに関連する費用（貸倒損失）は、同じ会計期間の中で対応させます。

（借）	貸倒損失	10,000	（貸）	売掛金	10,000

貸倒れは売掛金が回収できなくなることなので、返品のように売上の取り消しはしません。

3 貸倒引当金の処理

決算にさいして、当期に発生した売掛金が翌期以降に貸し倒れる事態に備えて、貸倒れが予想される金額を見積もり、貸倒引当金を設定するとともに、その費用として貸倒引当金繰入を計上します。

貸倒引当金の処理では、(1)商品を掛売りしたとき、(2)決算日に貸倒れを見積もったとき、(3)次の会計期間に実際に貸倒れとなったとき、の３つに注意してください。

「貸し倒れたときに備えるように引き当てておく（残しておく）お金」というイメージです。

(1)掛売時

例3-3
×１年１月１日に得意先、山梨商店へ商品 ¥150,000 を掛けで販売した。

(借)	売掛金	150,000	(貸)	売上	150,000

(2)決算時

例3-4
×１年３月31日（決算）に、期末売掛金残高 ¥150,000 について 2% の貸倒れを見積もった。

引当金を設定するさいには、借方に「○○引当金繰入」とします（他の引当金の場合も同じです）。

このときには、次のように処理します。

a．債権が回収不能になることによる損害額[01]を当期の費用にします[02]。そのため、**貸倒引当金繰入**（かしだおれひきあてきんくりいれ）**勘定（費用の勘定）の借方に記入**します。

b．本来であれば売掛金を減らすところですが、実際の貸倒れではないため、売掛金勘定の代わりに**貸倒引当金勘定（資産のマイナス勘定）の貸方に記入**します。

(借)	貸倒引当金繰入	3,000[03]	(貸)	貸倒引当金	3,000

01) ただし、この金額は予想額（見積額）です。
02) 当期に売上を計上しており、これと関連のある費用が貸倒引当金繰入であると考えるからです。
03) ¥150,000 × 2％ ＝¥3,000

(3)貸倒時（次期）

例3-5
山梨商店の倒産により、前期に生じた売掛金¥2,800 が回収できなくなった。

売掛金が貸し倒れたときには、**売掛金を減らすとともに、貸倒引当金も減らします。**

(借)	貸倒引当金	2,800	(貸)	売掛金	2,800

また、貸倒額が ¥3,500 であった場合、**貸倒引当金との差額 ¥500 は貸倒損失**（かしだおれそんしつ）**勘定（費用の勘定）で処理**します[04]。

(借)	貸倒引当金	3,000	(貸)	売掛金	3,500
	貸倒損失	500			

04) 貸倒引当金の設定額をオーバーすると「貸倒損失」となります。

4 差額補充法

決算日に貸倒引当金を設定するさい、**貸倒引当金勘定の残高**[01]**を貸倒見積高に修正する差額補充法**(さがくほじゅうほう)によって設定します。

例3-6

決算にさいし、貸倒見積額を計算したところ、¥4,000であった。なお、貸倒引当金残高は ¥200であった。

差額の ¥3,800 を貸倒引当金繰入に計上し、貸倒引当金が ¥4,000 になるように調整します[02]。

（借） 貸倒引当金繰入　3,800　（貸） 貸倒引当金　3,800[03]

01) 前期末に設定した貸倒引当金が、当期中に使わなかった（貸倒れが見積りより少なかった）ため当期末になっても残っていたという状況です。

02) 貸倒見積額のほうが小さかった場合は、(貸倒引当金) ××(貸倒引当金戻入)××とします。

03) この仕訳を転記すると、貸倒引当金勘定の残高は ¥4,000 (¥3,000－¥2,800＋¥3,800＝¥4,000) となることに注意してください。

▶収益と費用は対応させる◀

貸倒引当金の残高が 3,000 円あったとして、当期の売上による売掛金 2,800 円が貸し倒れたとしましょう。さあ、仕訳はどうなりますか？

答えは、
（借）貸　倒　損　失　2,800　（貸）売　掛　金　2,800
です。

当期の売上による売掛金が貸し倒れた場合、いくら貸倒引当金が残っていたとしても、貸倒損失になります。逆にいうと、貸倒引当金は前期末にあった（＝つまり貸倒引当金の設定のさいに計算対象となった）売掛金が貸し倒れたときにしか取り崩すことはありません。

これはなぜでしょうか？
どうして、当期に発生した売掛金が貸し倒れると貸倒損失になるのでしょうか？

その答えは、収益との関係にあります。
売掛金が当期に発生しているということは、売上も当期に発生しています。当期に発生した売上に対する費用の 1 つとして貸倒損失があり、原因も結果も当期に帰属していて当期の利益を算定するには、正しく対応しているので、これでいいのです。
また、前期末の売掛金に貸倒引当金を設定するということは、同時に前期に貸倒引当金繰入という費用を計上することでもあり、前期の売上に対する費用として、やはり対応させています。

「収益と費用は対応させる」、簿記の基本的な考え方の 1 つなのです。

ちなみに、前期末からあった売掛金が、貸倒引当金の額をオーバーして貸し倒れ、貸倒損失となるのは、仕方なく当期の費用にしたものなのです。

貸倒引当金の設定と貸倒れの処理

次の一連の取引について仕訳をしなさい。

×1.3.31 決算において、売掛金残高 ¥250,000 に対して３％の貸倒れを見積もる。なお、貸倒引当金の残高は ¥6,000 であり、差額補充法により処理すること。

×1.5.20 得意先Ａ社が倒産し、同店に対する売掛金 ¥8,500（前期発生分）が貸倒れとなった。

×1.3.31	(借)	貸倒引当金繰入	1,500	(貸)	貸倒引当金	1,500
×1.5.20	(借)	貸倒引当金	7,500	(貸)	売掛金	8,500
		貸倒損失	1,000			

×1.3.31

貸倒見積額を貸倒引当金に設定します。　¥250,000 × 3 % = ¥7,500

貸倒見積額と貸倒引当金勘定の残高との差額を貸倒引当金繰入に計上します。

¥7,500 − ¥6,000 = ¥1,500

×1.5.20

前期発生分の売掛金¥8,500が貸し倒れたので、貸倒引当金¥7,500を取り崩し、差額¥1,000は貸倒損失で処理します。

Section 3 のまとめ

☆貸倒れは、得意先などの倒産によって、売掛金などの債権が回収できなくなることをいいます。

☆当期中に発生した売掛金が貸し倒れた場合は、全額を貸倒損失で処理します。

貸倒時	(借) 貸倒損失 ××× (貸) 売掛金 ×××

☆貸倒引当金は、貸倒れに備えて貸倒額を見積もり、引当金としたものです。

貸倒見積額 ＝ 債権額 × 貸倒引当金設定率
貸倒引当金繰入 ＝ 貸倒見積額 − 貸倒引当金勘定残高
（差額補充法）

見積り時	(借) 貸倒引当金繰入 ××× (貸) 貸倒引当金 ×××

☆前期以前に発生した売掛金が貸し倒れた場合は、貸倒引当金を取り崩します。

貸倒時	(借) 貸倒引当金 ××× (貸) 売掛金 ××× （＋貸倒損失 ×××） ↑ 引当不足の場合

消耗品費の処理

重要度レベル ★★★★★

はじめに

当社は、コピー用紙などの消耗品はまとめ買いして、購入時に消耗品費で費用処理をしています。まとめ買いをした方が必要なときにその都度買うよりもお得なので、倉庫に保管し、必要な分を出して使用しています。
さて、決算日となり、倉庫の在庫を見にいくと、先日購入したばかりのコピー用紙の在庫がたくさんありました。
これを見た顧問税理士の先生から「この余っているコピー用紙については、決算整理が必要ですね」と言われました。
どのような処理が必要なのでしょうか？

1 消耗品の処理〜費用処理〜

消耗品[01]を購入したときには、購入額を消耗品費で、当期の費用として処理します。しかし、期末になって未使用のまま残っている分は、費用で処理したのを取り消し、消耗品という資産として次期へ繰り越します。上の例の場合、未使用分のコピー用紙の金額は、当期の費用（消耗品費）から差し引いて資産（消耗品）に振り替え、その後の消耗品費の残高が当期の費用となるのです。

消耗品費の処理を考えるときには、(1)期中に消耗品を購入したとき、(2)決算になり未使用分があることがわかったとき、の２つに分けて考えます。

01) 消耗品とはコピー用紙、事務用ノリ、ふせん、プリンター用インク、ラインマーカー、包装用紙など、購入後１年以内に使い果たす予定のものをいいます。

(1)購入時

例4-1

期中にコピー用紙 ￥12,000 を現金で購入した。

消耗品を購入したときには、**消耗品費勘定（費用の勘定）の増加**として処理します。

(借)	消耗品費	12,000[02]	(貸)	現金	12,000

02) この処理を費用処理といい、実務上多く用いられています。

⑵決算時

例4-2

決算になり、コピー用紙が ¥5,000 分残っていた。

消耗品が残っているときには、消耗品費は、使った分の¥7,000 に修正するために、**消耗品費勘定の貸方に ¥5,000 と記入し減少**させます。そして、未使用分を資産として繰り越すために、**消耗品勘定（資産の勘定）の借方に ¥5,000 と記入**します。

（借）	消　耗　品	5,000	（貸）	消 耗 品 費	5,000

結果として、消耗品費（費用）¥7,000、消耗品（資産）¥5,000 となります。

費用の減少は貸方に記入するのでしたね。
なお、期中に費用として処理しておいて、期末（決算）に未使用分を資産に計上するのは、商品売買における仕入勘定・繰越商品勘定と同じ関係です。

消耗品費の処理

次の取引について、購入時に費用として処理する方法によって仕訳をしなさい。

1.15　プリンタートナー ¥11,000 を購入し、代金は現金で支払った。

3.31　決算にあたり、上記の消耗品のうち未使用のものが ¥7,000 あった。

1.15	（借）	消 耗 品 費	*11,000*	（貸）	現　　金	*11,000*
3.31	（借）	消　耗　品	*7,000*	（貸）	消 耗 品 費	*7,000*

Section 4 のまとめ

■消耗品費の処理

購　入　時

事務用品 ¥5,000 を購入し、現金を支払った。

（借）	消 耗 品 費（費用の発生）	5,000	（貸）	現　　金	5,000

決　算　時

決算となり、消耗品の未使用分が ¥2,000 ある。

（借）	消　耗　品（資産の増加）	2,000（未使用分）	（貸）	消 耗 品 費（費用の減少）	2,000（未使用分）

当期の処理がこの２つだけの場合、それぞれの勘定は以下のようになります。

消 耗 品 費

借方		貸方	
購入	5,000	未使用	2,000
		当期の費用	3,000

消　耗　品

借方		貸方	
未使用	2,000		

費用の繰延べ

重要度レベル ★★★★★

はじめに

当社は×１年３月１日に店舗の火災保険料１年分を現金で支払い、全額、保険料勘定（費用の勘定）で処理しました。ところが､決算手続中（決算日は3月 31 日）にこれを見た顧問税理士の先生に、「この保険料の処理ですが、支払った金額の全部を当期の保険料にするのは間違っています。来年度の分が入っていますからね」と指摘されました。

では、当期分の保険料だけを費用にするには、どうしたらいいのでしょうか？

1 費用の繰延べとは

このような場合には、**すでに×１年３月１日に計上した１年分の保険料から来年度分（×１年４月１日から×２年２月 28 日までの 11 カ月分）の保険料を差し引いて、当期分の保険料の金額に修正する処理が必要**です。

決算時に行うこの処理を**費用の繰延べ**といい、費用を正しく計上するために、大切な処理です。また、繰り延べた来年度分の費用を**前払費用**[01]といい、資産として処理します。

前払保険料の処理の考え方は、前の Section の消耗品の費用処理にそっくりです。この Section の前に確認すると、より効果的です。

01) 仕訳をするときには「前払保険料」のように、何の費用の前払いかがわかるような勘定科目（前払○○）を使って処理します。他に、家賃の繰延べ（前払い）の前払家賃、地代の繰延べの前払地代などがあります。

この部分は繰り延べて、来期の費用にします。
4月～X2年２月
3/1　3/31　X2年2/28
3月分
3/1に､X2年 2/28までの保険料1年分を支払ったのですが……。

2 費用の繰延べの処理

費用の繰延べの処理については、⑴保険料を支払ったとき、⑵決算になったとき、の２つに分けて考えます。

⑴支払時

例5-1

×１年３月１日に１年分の保険料 ¥12,000 を現金で支払った。

保険料を支払ったときには、**保険料勘定（費用の勘定）の増加**として処理します。

（借）保　険　料	12,000	（貸）現　　　金	12,000

(2)決算時

例5-2

×1年3月31日になり、決算をむかえた。

ここでは費用の前払分があるので、保険料 ¥12,000 から、来年度分の保険料11カ月分（×1年4月1日から×2年2月28日までの分）を差し引くために、保険料勘定の貸方に記入します。また、前払分の金額は資産として処理する[01]ため、11カ月分 ¥11,000 を**前払費用**として**前払保険料勘定（資産の勘定）**の借方に記入します。

(借) 前払保険料	11,000	(貸) 保険料[02]	11,000[03]

このように処理することにより、保険料は当期分（1カ月分）の¥1,000[04]となります。

01) この時点で解約すると、11カ月分の保険料が返ってくると考えます。

02) 費用の減少は貸方に記入するのでしたね。

03) 金額は次のように計算します。
$\frac{¥12,000}{12カ月} \times 11カ月 = ¥11,000$

04) ¥12,000 − ¥11,000 = ¥1,000

費用の繰延べ

決算日（X6年3月31日）における次の取引の仕訳を行いなさい。

支払家賃 ¥36,000 は×5年12月1日に1年分支払ったものであり、未経過分を繰り延べる。

未経過分とは、決算時において、まだ経過していない分、すなわち次の期の前払分ということです。

(借) 前払家賃	*24,000*	(貸) 支払家賃	*24,000*

決算後の×6年4月1日～×6年11月30日の8カ月間の家賃が未経過分（来年度分の費用）となります。

$\frac{¥36,000}{12カ月} \times 8カ月 = ¥24,000$

Section 5 のまとめ

■費用の繰延べ

費用の繰延べ

伏見商店は1月1日にむこう1年分の保険料 ¥120,000 を支払った。決算日は3月末日である。

(借) 前払保険料（資産の増加）	90,000	(貸) 保険料（費用の減少）	90,000

$¥120,000 \times \frac{9カ月}{12カ月} = ¥90,000$

費用の見越し

重要度レベル ★★★★★

はじめに

当社は×１年２月１日から、地代を半年ごとに後払いする約束で岐阜商会より土地を借りています。
本日（３月 31 日）決算をむかえましたが、当期の２月と３月の２カ月分の地代はどうすればよいのでしょう？支払いは来期の７月末なので、そのときに全額費用にすればいい……というわけではないだろうけど……。
借方の勘定科目は支払地代というのはわかりますが、貸方の勘定科目がわかりません。
２カ月分の実際に支払っていない費用はどのように処理したらよいのでしょうか。

1 費用の見越しとは

このように、当期（2 カ月）分の地代が発生しているものの、現金で支払っているわけではない場合は、貸方を「現金」などとすることはできないため、未払地代勘定（負債の勘定）を用いて処理します。

このような処理を**費用の見越し**といい、決算で、当期の費用を正しく計上するために行います。

また、上記のように費用を見越して計上したときに、あわせて計上される負債を**未払費用**[01]といいます。

01）未払費用も前払費用と同じように、仕訳のときには「未払地代」など、未払○○という勘定科目を使って処理します。

未払費用と未払金を混同しないように注意してください。備品の購入代金の後払いなど、単発の取引によるものは未払金勘定、土地の賃借料など継続的に発生する費用の未払い分は未払費用を用いて処理します。

2 費用の見越しの処理

費用の見越しの処理については、土地を賃借した場合を例に、⑴土地を賃借する契約を結んだとき、⑵決算になったとき、の２つに分けて考えます。

⑴賃借時

例6-1

×１年２月１日に同業の尾道商店から土地を賃借することにした（なお、地代は契約により半年ごとに後払いで支払う約束で、地代は月額 ¥100 とする）。

このときには処理は必要ありません。

仕訳は行いません。

⑵決算時

例6-2

×1年3月31日になり、決算をむかえた。

地代は半年ごとに後払いの約束なので、決算時点では支払う必要はありません。しかし、実際には、すでに土地を賃借して2カ月間（2月～3月）経過しているので、その期間の地代は、当期の費用として計上すべきです。したがって、**支払地代勘定（費用の勘定）の借方**に記入します。また、当期分の地代は現金で支払っているわけではないので、**未払費用**として**未払地代勘定（負債の勘定）の貸方**に記入します。

(借) 支払地代	200[01]	(貸) 未払地代	200

このように処理することにより、支払地代は当期分（2カ月分）の¥200となります。

01）@¥100×2カ月＝¥200

費用の見越し

決算日（X5年3月31日）における次の取引の仕訳を行いなさい。

×4年12月1日に6カ月間の契約でイベント用に土地を借りた。賃借料（月額¥1,500）はイベント後に支払うことになっている。

(借) 支払地代	6,000	(貸) 未払地代	6,000

×4年12月～×5年3月の4カ月間の地代が当期の費用となります。
@¥1,500×4カ月＝¥6,000

Section 6 のまとめ

■費用の見越し

費用の見越し

京都商店は決算にあたり、1カ月分の家賃の未払分¥30,000を計上した。なお、家賃は3カ月ごとに後払いする約束となっている。

(借) 支払家賃（費用の増加）	30,000	(貸) 未払家賃（負債の増加）	30,000

コラム

小切手の使い方

私がみなさんに 1,000 万円を支払うとしましょう。

一万円札の束にして約 10 センチ、千円札なら 1 メーター（単なる意地悪だな）、500 円玉なら 140 キロ（これは運べない）。さて、これを私が届けるのか、みなさんに取りに来てもらうのか。

ビジネスというのは、お金を払うほうが強いですよね。だから当然に取りに来てもらう。すると、みなさんは 1,000 万円を懐に入れて（もしくは引きずって）帰ることになる。

家に着く、または近くの銀行に行くまでの間に、強盗にでも襲われたらことですよね。

そこで、心優しい私が考えるわけです。

銀行に当座預金口座を作り、そこに 1,000 万円を入れて、1,000 万円の小切手を振り出して（作って）おく。そしてみなさんが来たらそれを渡す。こうすれば、もしもみなさんが強盗に襲われて小切手を盗られても、銀行での支払いを止めれば、お金は無事ですむ。

小切手って、こういう理由で使われてきました。

でも今はもう、銀行振込みの時代ですよね。1,000 万円だろうが 1 億円だろうが振り込めばそれでおしまい。ということで、当座預金や小切手の存在意義が薄れてきています。

会社を興して 20 年以上、小切手を見たのは 1 度だけ。

いつか、なくなるものかもしれませんね。

ちなみにビジネス上で、よく「振込手数料をどちらが持つのか」というのが話題になります。受け取る側と支払う側、みなさんどちらが持つものだと思いますか？

基本は、メリットがある側なのです。

上記の例なら、取りに行かなくてすむ受取り側が、本のネット購入なら買いに行かなくてすむ支払側が負担するということになるのです。

わかっておくと、ちょっと便利なルールです。あくまでも基本は、という話ですが……。

Chapter 12

精算表・財務諸表

Section1 **精算表** 重要度レベル ★★★★★
Section2 **損益計算書と貸借対照表** 重要度レベル ★★★☆☆
Section3 **帳簿の締切り** 重要度レベル ★★★★☆

ココがPOINT!

精算表はヨコに解け！

さあ、いよいよ精算表の作成です。

精算表は、（決算整理前の残高）試算表の金額に修正記入（決算整理仕訳）を加え、損益計算書と貸借対照表を作成する表です。

修正記入
（決算整理仕訳）
⇩
（決算整理前の残高）試算表 → 収益・費用⇒損益計算書
→ 資産・負債・純資産（資本）⇒貸借対照表

試験において精算表の問題で大切なことは、解き方です。

というのは、修正記入欄の決算整理仕訳をいくらきっちりと記入しても、そこの配点はほとんどないからです。したがって、修正記入欄を作り終えた段階で時間切れになれば、ほとんど得点できない、ということになってしまいます。

ですから、修正記入欄を記入したらすぐに（配点のある）損益計算書欄や貸借対照表欄に書き写しておく癖をつけましょう。

この点を意識して、この Chapter では、項目ごとに横に横にと書き進めていく形で解説しています。この解き方を必ずマスターしてください。

精算表

重要度レベル 

はじめに

会社がまもなく決算をむかえます。
会社の業績は順調ですが、当期にどれほどの利益が出せたのかが気になります。
しかし、会社が決算手続きを終えて、当期純利益が判明するまでには時間を要します。そこで精算表の出番です。精算表を作成することによって、当期純利益を試算し、利益の金額を考慮したうえで、決算までの会社のお金の使い方を考えることができるのです。
ここでは精算表の構造や、作成方法を学習していきましょう。

1 精算表とは

残高試算表と決算整理事項から、損益計算書と貸借対照表を作成するプロセスを一覧表の形で示したものを**精算表**(せいさんひょう)といい、これにより決算手続のアウトラインを知ることができます[01)]。

01) 決算直前に作成することによって決算後に支払う税金の概算を知ることが、実務上の主な目的となります。

2 精算表重要論点

精算表の問題で、毎回のように出題されている論点が7つあります[01)]。まとめて見ておきましょう。

01) 通常の取引の仕訳とは異なり、決算整理仕訳は形が決まっています。決算整理仕訳が苦手だという方は、仕訳自体を暗記してください。

❶売上原価の算定

(借)	仕入	53,000	(貸)	繰越商品	53,000
(借)	繰越商品	48,000	(貸)	仕入	48,000

❷貸倒引当金の設定

(借)	貸倒引当金繰入	4,000	(貸)	貸倒引当金	4,000

❸減価償却費の計算

(借)	減価償却費	10,000	(貸)	建物	10,000

❹現金過不足の処理

(借)	雑損	6,000	(貸)	現金過不足	6,000

❺消耗品費の処理

(借)	消耗品	800	(貸)	消耗品費	800

❻費用の繰延べ(保険料など)

(借)	前払保険料	12,000	(貸)	保険料	12,000

❼費用の見越し(給料など)

(借)	給料	600	(貸)	未払給料	600

これらの仕訳を精算表の修正記入欄に書き、精算表を完成させると次のようになります。

(1) **残高試算表欄**
決算を行う直前の元帳の諸勘定の残高を記入する。

(2) **修正記入欄**
決算整理仕訳（減価償却・貸倒れの見積もり等）を記入する。

(3) **損益計算書欄**
収益・費用の各項目を集めて作成される。

(4) **貸借対照表欄**
資産・負債・純資産（資本）の各項目を集めて作成される。

精　算　表

勘定科目	残高試算表		修正記入		損益計算書		貸借対照表	
	借方	貸方	借方	貸方	借方	貸方	借方	貸方
現金	221,200						221,200	
現金過不足	6,000			❹ 6,000				
当座預金	200,000						200,000	
売掛金	300,000						300,000	
貸倒引当金		2,000		❷ 4,000				6,000
繰越商品	53,000		❶ 48,000	❶ 53,000			48,000	
貸付金	30,000						30,000	
建物	260,000			❸ 10,000			250,000	
買掛金		340,600						340,600
借入金		80,000						80,000
資本金		500,000						500,000
繰越利益剰余金		100,000						100,000
売上		950,000				950,000		
受取利息		600				600		
仕入	520,000		❶ 53,000	❶ 48,000	525,000			
給料	231,000		❼ 600		231,600			
広告費	79,000				79,000			
消耗品費	34,000			❺ 800	33,200			
保険料	36,000			❻ 12,000	24,000			
支払利息	3,000				3,000			
	1,973,200	1,973,200						
貸倒引当金繰入			❷ 4,000		4,000			
減価償却費			❸ 10,000		10,000			
雑損			❹ 6,000		6,000			
消耗品			❺ 800				800	
前払保険料			❻ 12,000				12,000	
未払給料				❼ 600				600
当期純利益					34,800			34,800
			134,400	134,400	950,600	950,600	1,062,000	1,062,000

収益が記入される。

資産が記入される。

負債・純資産（資本）が記入される。

費用が記入される。

(5) **損益計算書欄の差額と貸借対照表欄の差額は必ず一致する。帳簿を締め切る前でも精算表を作成することで、純利益をあらかじめ知ることができる。**

では、次のページでひとつひとつ確認していきましょう。

3 精算表の作成方法

⑴残高試算表欄

決算の直前の総勘定元帳の各勘定口座の残高を、それぞれの勘定の行に書き移し、借方・貸方ともに合計額を算出して、一致することを確認します[01]。

⑵修正記入欄

決算整理事項について決算整理仕訳を行い、それを精算表の修正記入欄に記入します。このとき、決算にあたって新たに生じる勘定科目（例えば、貸倒引当金繰入勘定や減価償却費勘定）は、勘定科目欄に追加して記入します。

◆記入方法

①売上原価の算定

例1-1

期末商品棚卸高は¥48,000である。売上原価は「仕入」の行で計算すること。

決算整理仕訳

a	（借）仕　　入	53,000[02]	（貸）繰越商品	53,000
b	（借）繰越商品	48,000	（貸）仕　　入	48,000

精　算　表

勘定科目	残高試算表		修正記入		損益計算書		貸借対照表	
	借方	貸方	借方	貸方	借方	貸方	借方	貸方
⋮								
繰越商品	53,000 →		(+)48,000	(−)53,000	→		48,000	
⋮								
仕　　入	520,000 →		(+)53,000	(−)48,000	525,000			

②貸倒引当金の設定

例1-2

売掛金の期末残高[03]に対して2%の貸倒引当金を設定する。差額補充法による。

決算整理仕訳

（借）貸倒引当金繰入	4,000	（貸）貸倒引当金	4,000

貸倒見積額　¥300,000×２％＝　¥6,000[04]
貸倒引当金勘定残高　　−）¥2,000
当期の繰入額　　　¥4,000

01）検定試験問題では、記入済みとなっています。

02）期首商品棚卸高¥53,000は繰越商品の残高試算表欄から発見。

03）売掛金期末残高は売掛金の残高試算表欄から発見。

04）解答の作成にさいし、この金額を先に貸借対照表欄に書き込むようにしましょう。この後に貸倒引当金の残高（¥2,000）との差額で貸倒引当金繰入（¥4,000）を算定し、修正記入欄に記入します。

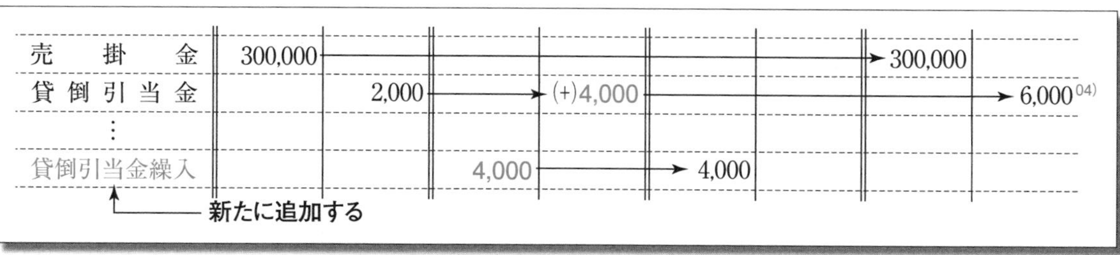

③減価償却費の計算

例1-3

建物について残存価額をゼロ、耐用年数を30年として定額法により、減価償却を行う。なお、建物の取得原価は¥300,000であり、直接法により記帳している。

決算整理仕訳

(借) 減価償却費	10,000	(貸) 建　物	10,000

$$\frac{¥300{,}000^{05)}}{30年} = ¥10{,}000$$

05) 建物の取得原価。¥300,000は問題文から発見。

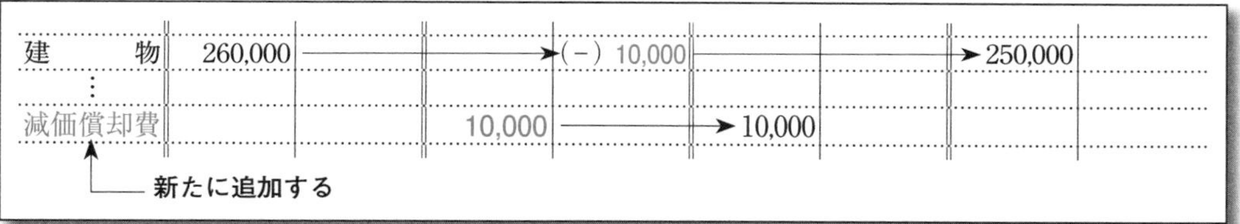

④現金過不足の処理

例1-4

現金過不足を雑損または雑益に振り替える。

決算整理仕訳

(借) 雑　損	6,000	(貸) 現金過不足	6,000

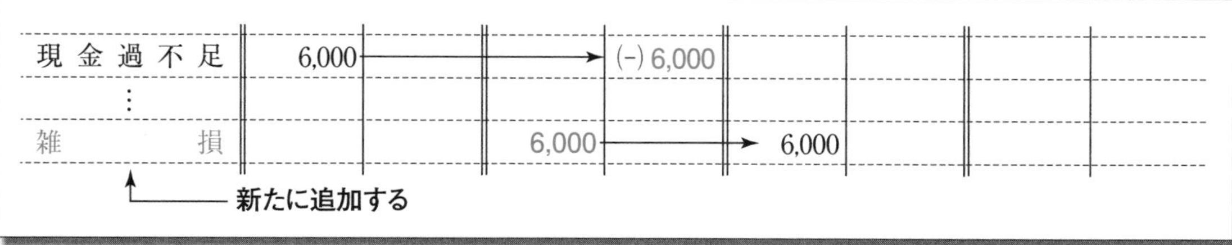

⑤消耗品費の処理

例1-5

消耗品の未使用分が¥800ある。

決算整理仕訳

(借) 消　耗　品	800	(貸) 消 耗 品 費	800

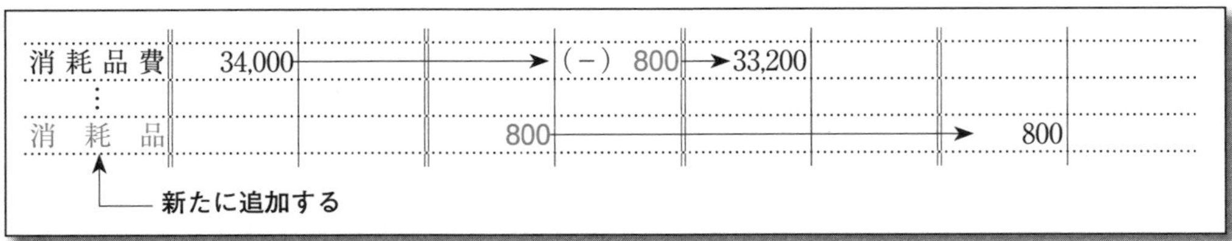

⑥保険料の繰延べ

例1-6

保険料¥36,000は1年分を前払いしたもので、このうち¥12,000は次期にかかわる分である。

決算整理仕訳

(借) 前 払 保 険 料	12,000	(貸) 保　険　料	12,000

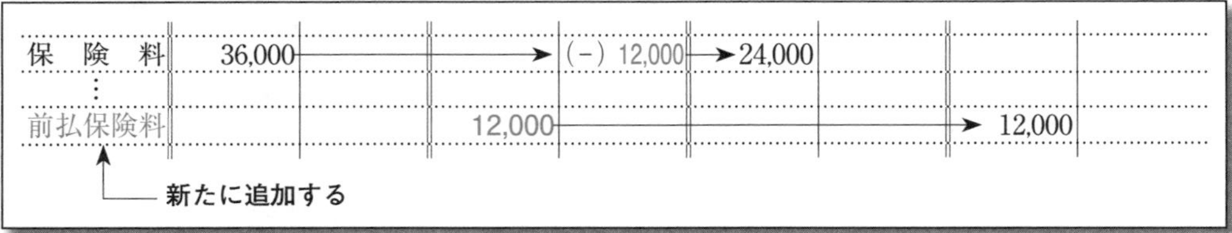

⑦給料の見越し

例1-7

給料¥600を見越し計上する。

決算整理仕訳

(借) 給　　料	600	(貸) 未 払 給 料	600

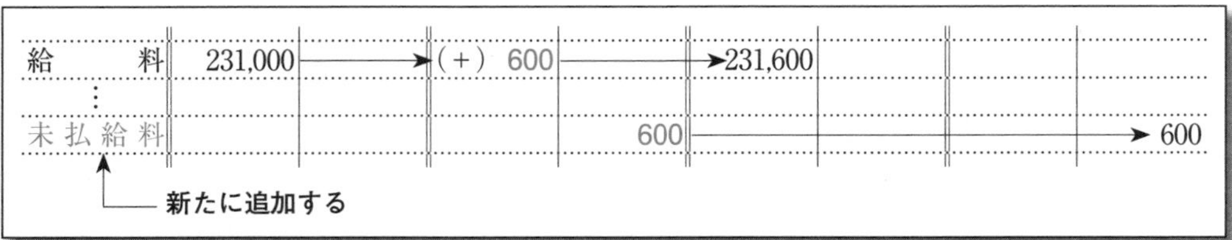

⑶損益計算書欄

収益・費用の諸勘定の金額を、損益計算書欄に記入します。このとき、修正記入欄に記入のあるものについては、残高試算表欄の金額に加減して記入します[06]。

⑷貸借対照表欄

資産・負債・純資産（資本）の諸勘定の金額を、貸借対照表欄に記入します。このとき、修正記入欄に記入のあるものについては、残高試算表欄の金額に加減して記入します[06]。

⑸当期純利益の計算

①損益計算書欄

損益計算書欄の、貸方合計額から借方合計額を差し引いて当期純利益を求め、**借方**に金額を記入するとともに勘定科目欄に「**当期純利益**」と記入します[07]。また、貸方合計額から借方合計額を差し引いた差額がマイナスとなった場合には、**貸方**に金額を記入するとともに勘定科目欄に「**当期純損失**」と記入します[07]。

②貸借対照表欄

貸借対照表欄で、借方合計額から貸方合計額を差し引いて**当期純利益**を求め、**貸方**にその金額を記入します。**当期純損失**ならば**借方**にその金額を記入します。

⑹精算表の締切り

すべての欄の合計額を記入して締め切ります。

06）借方残となる資産・費用の勘定は修正記入欄の借方をプラス、貸方をマイナスします。
貸方残となる負債・純資産（資本）・収益の勘定は修正記入欄の貸方をプラス、借方をマイナスします。つまり、ホームポジション側がプラス、逆側がマイナスされます。

07）実務では当期純利益（当期純損失）とその金額は朱記します。ただし、検定試験では、赤ペンの使用が禁じられているため、黒字で記入します。

4 精算表を解く順番のルール

問題に付記事項（期中処理の追加など）がある場合は、さきに付記事項の修正仕訳をしてから、決算整理仕訳を行います[01]。

例1-8

精算表の残高試算表欄の金額（一部）

売　掛　金　￥610,000　　貸倒引当金　￥5,000　仮受金　￥10,000

〔付記事項〕

仮受金 ￥10,000 は、売掛金の回収分であった。

〔決算整理事項〕

売掛金の期末残高に対して、２%の貸倒れを見積もる（差額補充法）。

まず、付記事項の処理を行います。

（借）	仮　受　金	10,000	（貸）	売　掛　金	10,000

その後、貸倒引当金の設定を行います。

（借）	貸倒引当金繰入	7,000	（貸）	貸倒引当金	7,000[02]

01）例1-8のように、仮受金の処理によって売掛金残高に変更があった場合など、その後の決算整理仕訳（この場合、貸倒引当金の設定）の金額に影響するためです。

02）（￥610,000 －￥10,000）×２%＝￥12,000
￥12,000 －￥5,000 ＝￥7,000

Q Try it 例題

精算表の作成

決算にあたって修正すべき次の事項（決算整理事項）にもとづいて、新潟商事株式会社（会計期間は×１年4月1日～×２年3月31日）の精算表を完成しなさい。

決算整理事項

1．期末商品棚卸高　　¥24,000

2．貸倒引当金　　売掛金残高の３％の貸し倒れを見積もる。差額補充法により処理する。

3．備品：減価償却　　定額法により減価償却費の計算を行い、直接法により記帳する。なお、備品の取得原価は¥70,000であり、耐用年数は10年、残存価額はゼロと見積もられている。

4．現金過不足の残高は、原因不明につき、雑益として処理する。

5．消耗品の未使用高　　¥900

6．家賃の前払高　　¥2,400

精　算　表

勘定科目	残高試算表		修正記入		損益計算書		貸借対照表	
	借方	貸方	借方	貸方	借方	貸方	借方	貸方
現　　　金	27,400							
現金過不足		500						
当座預金	50,000							
売　掛　金	70,000							
貸倒引当金		700						
繰越商品	27,500							
備　　　品	56,000							
買　掛　金		35,700						
資　本　金		120,000						
繰越利益剰余金		50,000						
売　　　上		172,000						
仕　　　入	127,500							
消耗品費	3,700							
支払家賃	16,800							
	378,900	378,900						
貸倒引当金（　）								
減価償却費								
雑（　　）								
消　耗　品								
（　）家賃								
当期純（　）								

精　算　表

勘定科目	残高試算表		修正記入		損益計算書		貸借対照表	
	借方	貸方	借方	貸方	借方	貸方	借方	貸方
現金	27,400						27,400	
現金過不足		500	500					
当座預金	50,000						50,000	
売掛金	70,000						70,000	
貸倒引当金		700		1,400				2,100
繰越商品	27,500		24,000	27,500			24,000	
備品	56,000			7,000			49,000	
買掛金		35,700						35,700
資本金		120,000						120,000
繰越利益剰余金		50,000						50,000
売上		172,000				172,000		
仕入	127,500		27,500	24,000	131,000			
消耗品費	3,700			900	2,800			
支払家賃	16,800			2,400	14,400			
	378,900	378,900						
貸倒引当金（**繰入**）			1,400		1,400			
減価償却費			7,000		7,000			
雑（**益**）				500		500		
消耗品			900				900	
（**前払**）家賃			2,400				2,400	
当期純（**利益**）					15,900			15,900
			63,700	63,700	172,500	172,500	223,700	223,700

解説

各取引の仕訳は以下のとおりです。

1．売上原価の算定

（借）	仕入	27,500	（貸）繰越商品	27,500
（借）	繰越商品	24,000	（貸）仕入	24,000

2．貸倒引当金の設定

（借）	貸倒引当金繰入	1,400	（貸）貸倒引当金	1,400 [01]

3．減価償却費の計算

（借）	減価償却費	7,000	（貸）備品	7,000 [02]

4．現金過不足の処理

（借）	現金過不足	500	（貸）雑益	500

5．消耗品費の処理

（借）	消耗品	900	（貸）消耗品費	900

6．家賃の繰延べ

（借）	前払家賃	2,400	（貸）支払家賃	2,400

01) ¥70,000 × 3% ＝¥2,100
¥2,100 －¥700 ＝¥1,400

02) ¥70,000 ÷ 10年 ＝¥7,000

Section 1 のまとめ

(1) 残高試算表欄
決算を行う直前の元帳の諸勘定の残高を記入する。

(2) 修正記入欄
決算整理仕訳（減価償却・貸倒れの見積もり等）を記入する。

(3) 損益計算書欄
収益・費用の各項目を集めて作成される。

(4) 貸借対照表欄
資産・負債・純資産（資本）の各項目を集めて作成される。

収益が記入される。

精　算　表

勘定科目	残高試算表		修正記入		損益計算書		貸借対照表	
	借　方	貸　方	借　方	貸　方	借　方	貸　方	借　方	貸　方
現　　金	221,200						221,200	
現金過不足	6,000			6,000				
当座預金	200,000						200,000	
売 掛 金	300,000						300,000	
貸倒引当金		2,000		4,000				6,000
繰越商品	53,000		48,000	53,000			48,000	
貸 付 金	30,000						30,000	
建　　物	260,000			10,000			250,000	
買 掛 金		340,600						340,600
借 入 金		80,000						80,000
資 本 金		500,000						500,000
繰越利益剰余金		100,000						100,000
売　　上		950,000				950,000		
受取利息		600				600		
仕　　入	520,000		53,000	48,000	525,000			
給　　料	231,000		600		231,600			
広 告 費	79,000				79,000			
消耗品費	34,000			800	33,200			
保 険 料	36,000			12,000	24,000			
支払利息	3,000				3,000			
	1,973,200	1,973,200						
貸倒引当金繰入			4,000		4,000			
減価償却費			10,000		10,000			
雑　　損			6,000		6,000			
消 耗 品			800				800	
前払保険料			12,000				12,000	
未払給料				600				600
当期純利益					34,800			34,800
			134,400	134,400	950,600	950,600	1,062,000	1,062,000

資産が記入される。

負債・純資産（資本）が記入される。

費用が記入される。

(5) 損益計算書欄の差額と貸借対照表欄の差額は必ず一致する。
帳簿を締め切る前でも精算表を作成することで、純利益をあらかじめ知ることができる。

コラム

解答用紙は間違えるための場所

解答用紙に、せっせと正解を書き写す人がいる。

これは「教科書後遺症」で、小中高と使ってきた教科書に、正解が記載されていない（先生が正解を披露する）問題が多くあり、それを復習するためには正解を書き写さざるを得なかったことに起因している（と思っている）。

しかし、この本には、正解があるので、そんな必要はまったくない。

正解を書くなど、まったくナンセンスなことなのである。

なら、解答用紙は何のためにあるのか。

解答用紙は“間違えるための場所”として、存在しているのである。

「こうかな？」と思ったことは、必ず解答用紙に書く。

書いて、正解なら嬉しくて覚えるし、不正解だったらしっかりと赤ペンで×をつけ、そこに「正しくはこう考える」といった『正解を導くための思考方法』や、「電卓の打ち間違え」などといった『間違えた理由』を書いておく。こうしておけば（正解したときよりもさらに）確実に理解し、マスターできる。

さらに、この解答用紙が自動的に『間違いノート』になってくれる。

“×より○が大切なのは本試験だけ”

本試験までは、どんどん解答用紙に書き込み、どんどん間違えよう！

それが、本試験での○につながり、みなさんを合格に導きます。

さぁ～！行け～！

損益計算書と貸借対照表

そんえきけいさんしょ　たいしゃくたいしょうひょう

重要度レベル ★★★☆☆

はじめに

社内では、帳簿や精算表によって決算のアウトラインがわかります。
しかし、外部の、当社に融資している銀行や、課税をする税務署などには、会社内部の資料をそのまま見せるわけではありません。
そのため貸借対照表や損益計算書を作って、会社の決算の内容を外部の関係者に公開するのです。

1 損益計算書と貸借対照表

外部の人々（利害関係者といいます）に、会社の財政状態や経営成績について報告するために作成される書類が貸借対照表と損益計算書です[01]。

決算整理後残高試算表との関係は次のとおりです。

01）一般に「決算書」や「財務諸表」といわれるものです。

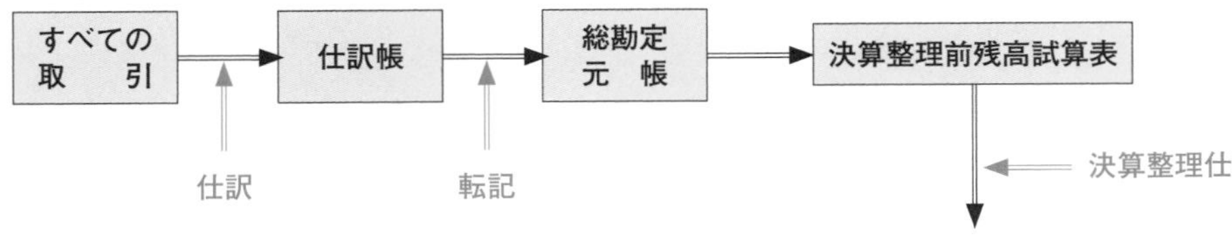

決算整理後残高試算表
×5年3月31日

借方残高	勘定科目	貸方残高
221,200	現金	
200,000	当座預金	
300,000	売掛金	
	貸倒引当金	6,000
48,000	繰越商品	
800	消耗品	
30,000	貸付金	
250,000	建物	
12,000	前払保険料	
	買掛金	340,600
	借入金	80,000
	未払給料	600
	資本金	500,000
	繰越利益剰余金	100,000
	売上	950,000
	受取利息	600
525,000	仕入	
231,600	給料	
79,000	広告費	
33,200	消耗品費	
24,000	保険料	
4,000	貸倒引当金繰入	
10,000	減価償却費	
3,000	支払利息	
6,000	雑損	
1,977,800		1,977,800

決算整理後残高試算表 → 損益計算書 → 当期純利益の算定 → 繰越利益剰余金に加算 → 貸借対照表

次のものは帳簿上の勘定科目と、財務諸表（損益計算書と貸借対照表）に記載する表示科目が異なるため注意が必要です。

勘定科目名	繰越商品	⇒	貸借対照表表示科目	商品
	前払保険料など			前払費用
	未払給料など			未払費用
	売上		損益計算書表示科目	売上高
	仕入			売上原価

会社名を記入。　貸借対照表には決算日を記入。　純資産（資本）は、貸借対照表では純資産として表示します。

貸借対照表

全経商事株式会社　×5年3月31日[02)]　（単位：円）

資産	金額		負債および純資産	金額
現金		221,200	買掛金	340,600
当座預金		200,000	借入金	80,000
売掛金	300,000		未払費用	600
貸倒引当金	6,000	294,000	資本金	500,000
商品		48,000	繰越利益剰余金	134,800
消耗品		800		
貸付金		30,000		
建物		250,000		
前払費用		12,000		
		1,056,000		1,056,000

控除形式[03)]で記入。

損益計算書には会計期間を記入。　金額の単位を記入。

損益計算書

全経商事株式会社　×4年4月1日から×5年3月31日[02)]　（単位：円）

費用	金額	収益	金額
売上原価	525,000	売上高	950,000
給料	231,600	受取利息	600
広告費	79,000		
消耗品費	33,200		
保険料	24,000		
貸倒引当金繰入	4,000		
減価償却費	10,000		
支払利息	3,000		
雑損	6,000		
当期純利益	34,800		
	950,600		950,600

02) ＜決算日＞
決算整理後残高試算表の日付より、決算日が×5年3月31日であることがわかります。

03) ＜控除形式＞
売掛金¥300,000から、貸倒引当金¥6,000を差し引いた¥294,000は、回収することができると考えられる売掛金の金額を示しています。

▼概略

貸借対照表

❶決算整理後残高試算表の資産・負債・純資産（資本）の各勘定の金額を記入します。

❷繰越利益剰余金は、決算整理後残高試算表の繰越利益剰余金残高に、当期純利益（または当期純損失）の金額を加減算します。

❸資産の欄と負債および純資産の欄の合計が一致することを確認します。

損益計算書

❶決算整理後残高試算表の費用・収益の各勘定の金額を記入します。

❷貸借差額として当期純利益（または当期純損失）を計算します。

❸費用の欄と収益の欄の合計が一致することを確認します。

財務諸表の作成

次に掲げた千葉商事株式会社の決算整理後残高試算表にもとづいて、損益計算書と貸借対照表を完成させなさい。ただし、会計期間は１年である。

決算整理後残高試算表
×２年３月31日

借方残高	勘定科目	貸方残高
26,000	現金	
100,000	当座預金	
140,000	売掛金	
	貸倒引当金	9,000
36,000	繰越商品	
900	前払保険料	
89,000	備品	
	買掛金	136,600
	借入金	30,000
	未払給料	2,400
	資本金	150,000
	繰越利益剰余金	48,000
	売上	287,200
193,000	仕入	
34,000	給料	
20,500	交通費	
3,300	広告費	
3,600	保険料	
7,000	貸倒引当金繰入	
7,200	減価償却費	
2,000	支払利息	
700	雑損	
663,200		663,200

損　益　計　算　書

千葉商事株式会社　　　×1年4月1日から×2年3月31日　　　(単位：円)

費　　用	金　　額	収　　益	金　　額

貸　借　対　照　表

千葉商事株式会社　　　×2年3月31日　　　(単位：円)

資　　産	金　　額	負債および純資産	金　　額

損益計算書

千葉商事株式会社　×1年4月1日から×2年3月31日　(単位：円)

費用	金額	収益	金額
売上原価	193,000	売上高	287,200
給料	34,000		
交通費	20,500		
広告費	3,300		
保険料	3,600		
貸倒引当金繰入	7,000		
減価償却費	7,200		
支払利息	2,000		
雑損	700		
当期純利益	15,900		
	287,200		287,200

貸借対照表

千葉商事株式会社　×2年3月31日　(単位：円)

資産	金額		負債および純資産	金額
現金		26,000	買掛金	136,600
当座預金		100,000	借入金	30,000
売掛金	140,000		未払費用	2,400
貸倒引当金	9,000	131,000	資本金	150,000
商品		36,000	繰越利益剰余金	63,900
前払費用		900		
備品		89,000		
		382,900		382,900

損益計算書と貸借対照表を作成するときは、以下の点に注意が必要です。

☆　次の勘定科目は、損益計算書と貸借対照表では表示科目で記入します。

勘定科目名		⇒		
	繰越商品		貸借対照表表示科目	商品
	前払保険料			前払費用
	未払給料			未払費用
	売上		損益計算書表示科目	売上高
	仕入			売上原価

☆　貸倒引当金は資産のマイナス勘定なので、対応する資産（売掛金）を控除する形式で記入します。

☆　繰越利益剰余金は、決算整理後残高試算表の繰越利益剰余金残高に、当期純利益の金額を加算します。

￥48,000＋￥15,900＝￥63,900

Section 2 のまとめ

会社名を記入。
貸借対照表には決算日を記入。
純資産（資本）は、貸借対照表では純資産として表示します。

貸借対照表
全経商事株式会社　×5年3月31日　（単位：円）

資産	金額		負債および純資産	金額
現金		221,200	買掛金	340,600
当座預金		200,000	借入金	80,000
売掛金	300,000		未払費用	600
貸倒引当金	6,000	294,000	資本金	500,000
商品		48,000	繰越利益剰余金	134,800
消耗品		800		
貸付金		30,000		
建物		250,000		
前払費用		12,000		
		1,056,000		1,056,000

控除形式で記入。

決算整理後残高試算表
×5年3月31日

借方残高	勘定科目	貸方残高
221,200	現金	
200,000	当座預金	
300,000	売掛金	
	貸倒引当金	6,000
48,000	繰越商品	
800	消耗品	
30,000	貸付金	
250,000	建物	
12,000	前払保険料	
	買掛金	340,600
	借入金	80,000
	未払給料	600
	資本金	500,000
	繰越利益剰余金	100,000
	売上	950,000
	受取利息	600
525,000	仕入	
231,600	給料	
79,000	広告費	
33,200	消耗品費	
24,000	保険料	
4,000	貸倒引当金繰入	
10,000	減価償却費	
3,000	支払利息	
6,000	雑損	
1,977,800		1,977,800

損益計算書には会計期間を記入。
金額の単位を記入。

損益計算書
全経商事株式会社　×4年4月1日から×5年3月31日　（単位：円）

費用	金額	収益	金額
売上原価	525,000	売上高	950,000
給料	231,600	受取利息	600
広告費	79,000		
消耗品費	33,200		
保険料	24,000		
貸倒引当金繰入	4,000		
減価償却費	10,000		
支払利息	3,000		
雑損	6,000		
当期純利益	34,800		
	950,600		950,600

☆財務諸表（損益計算書と貸借対照表）に記載する表示科目が、帳簿上の勘定科目と異なるものがあるため注意が必要です。
☆貸倒引当金は資産のマイナス勘定なので、対応する資産（売掛金）を控除する形式で記入します。
☆繰越利益剰余金は、決算整理後残高試算表の繰越利益剰余金残高に、当期純利益（または当期純損失）の金額を加減算します。

コラム

必然的な偶然

『必然的な偶然』という話をしましょう。

実は、幸運にも合格した人は口を揃えてこう言います。

『いやー、たまたま前の日に見たところが出てねー、それができたから……』とか、『いやー、たまたま行く途中に見たところが出てねー、それができたから……』と、いかにも偶然に運がよかったかのように。

しかし、私から見るとそれは偶然ではなく、必然です。前の日に勉強しなかったら、試験会場に行く途中に勉強しなかったら、その幸運は起こらなかったのですから。

つまり、最後まで諦めなかった人だけが最後の幸運を手にできる必然性があるということだと思います。

みなさんも諦めずに、最後まで可能性を追求してくださいね。

Section 3

帳簿の締切り

重要度レベル ★★★★☆

はじめに

決算における最終的な目的は財務諸表の作成です。しかし、その財務諸表は帳簿（総勘定元帳）から作成されるので、１つの会計期間が終了したときに、次の会計期間に備えて帳簿を整理すること（これを帳簿の締切りといいます）も重要です。ここでは、各種の帳簿の中でもとくに重要な総勘定元帳の締切手続について学習します。

1 総勘定元帳の締切の流れ

帳簿の締切りは次の手順で行います。

収益・費用勘定残高の損益勘定への振替え[01)] → 損益勘定で純利益を算定し繰越利益剰余金勘定への振替え[02)] → 資産・負債・純資産勘定の繰越記入と締切り

01) 帳簿上で当期純利益を算定するための手続きで損益振替といいます。
02) 資本振替といいます。

2 損益振替と収益・費用の勘定の締切

まず最初に、当期純利益（損失）を計算するため、元帳に損益勘定を設定します。損益勘定は当期純利益（損失）を計算するため、決算のときだけ設けられる勘定です。

損益勘定の貸方に収益の勘定残高を、借方に費用の勘定残高を振り替え、当期純利益（損失）を計算します。損益勘定に収益と費用の勘定残高を振り替える処理を**損益振替**といいます。また、このときに収益・費用の諸勘定を締め切ります。

例3-1

決算にさいして、次の各勘定残高をそれぞれ損益勘定に振り替えた。

仕　　入

借方		貸方	
買掛金	5,000		

売　　上

借方		貸方	
売掛金(戻り)	1,000	売掛金	13,000

支払家賃

借方		貸方	
現　金	2,000		

受取利息

借方		貸方	
		現　金	1,000

⑴収益の振替え（貸方から貸方への振替え）

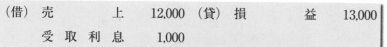

(借)	売上	12,000	(貸)	損益	13,000
	受取利息	1,000			

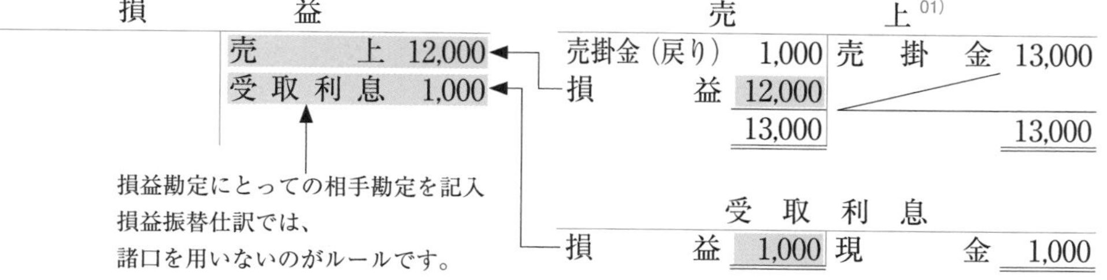

⑵費用の振替え（借方から借方への振替え）

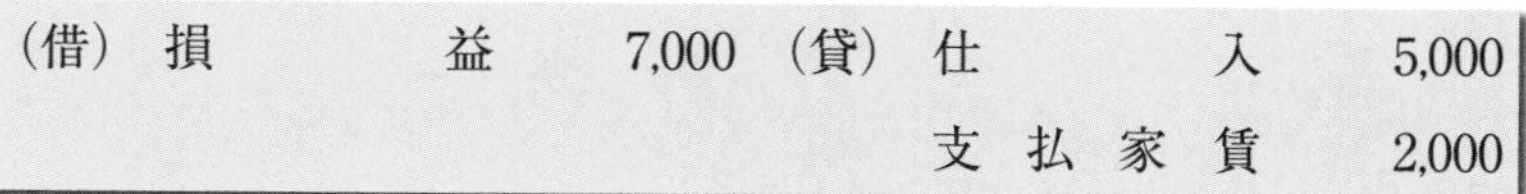

(借)	損益	7,000	(貸)	仕入	5,000
				支払家賃	2,000

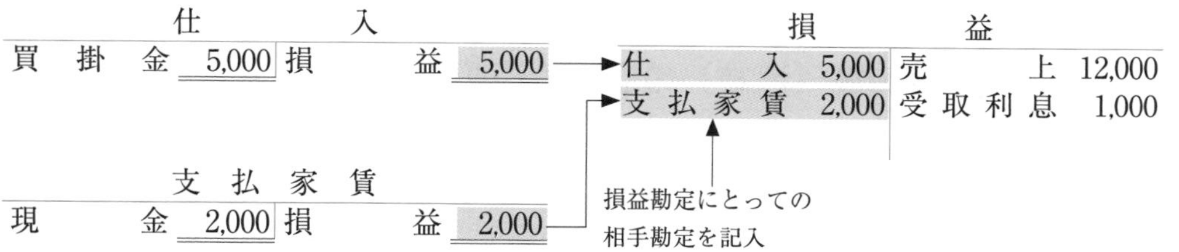

⑶費用・収益の締切り

損益振替仕訳を転記した費用・収益の勘定は貸借の残高が一致します。貸借の合計額は同じ行に記入して、勘定を締め切ります。勘定の借方と貸方に記入した行数が異なる場合は、行数が少なくて余っている方に余白線を引いて、これ以上の記入がないことを示します。貸借にそれぞれ、１行しか記入がない場合は、合計線（実線）を引かずに、直接締切線（二重線）を引きます。

3　当期純利益の算定と繰越利益剰余金勘定への振替え

損益勘定の借方と貸方の差額として当期純利益を計算し、繰越利益剰余金勘定（純資産の勘定）に振り替える決算処理を、資本振替といいます。

これは当期純利益によって**会社が自由に使えるもの（純資産）が増えた**ためです。なお、当期純利益は¥6,000[01)]です。

例3-2

損益勘定で計算された当期純利益¥6,000を繰越利益剰余金勘定に振り替えた。

(借)	損益	6,000	(貸)	繰越利益剰余金	6,000

01) 振り替える金額は残高です。したがって、売上の場合は売上戻り控除後の金額です。

01) 収益：¥12,000
＋¥1,000
＝¥13,000
費用：¥5,000
＋¥2,000
＝¥7,000
純利益：¥13,000
－¥7,000
＝¥6,000

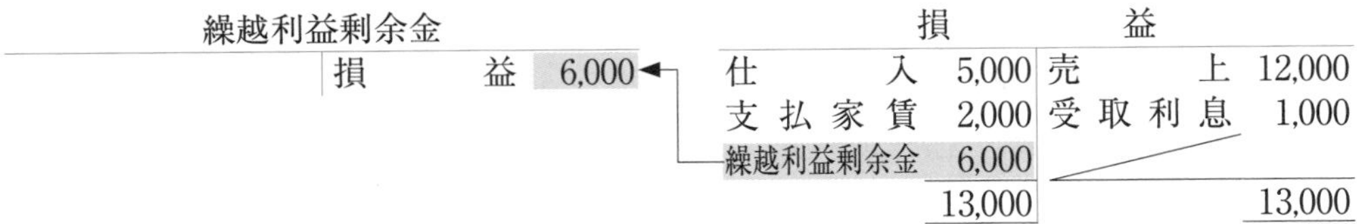

なお、損益勘定の借方と貸方の差額として当期純損失が算定されたときも、繰越利益剰余金勘定に振り替えます[02]。

これは純損失によって**会社の純資産が減った**ためです。当期純損失が¥1,000であったと仮定した場合、資本振替は次のようになります。

(借)	繰越利益剰余金	1,000	(貸)	損　益	1,000

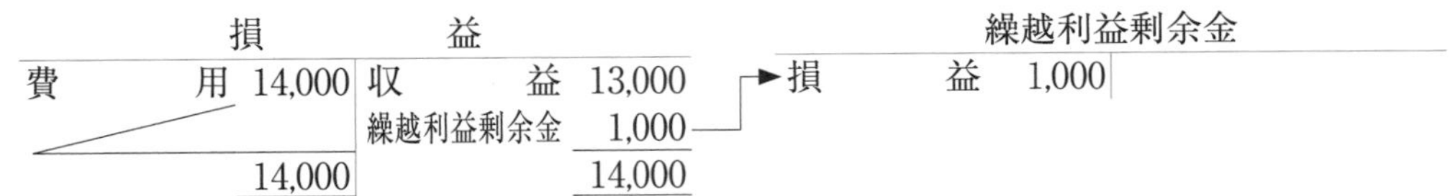

損　益
費　用　14,000
14,000
収　益　13,000
繰越利益剰余金　1,000
14,000
繰越利益剰余金
損　益　1,000

損益振替仕訳と資本振替仕訳の２つは決算振替仕訳といいます。

02) 収益の総額よりも費用の総額が大きいと当期純損失を計上することになります。

4 資産・負債・純資産（資本）の勘定の締切り

(1)次期繰越の記入

各勘定の残高とは**反対側**（資産であれば貸方、負債と純資産は借方）に、期末（決算日）の日付で「**次期繰越**（じきくりこし）　×××（金額）」と**記入し**[01]、貸借を一致させて締め切ります。これを繰越記入といいます。

(2)前期繰越の記入

次に「次期繰越」の反対側に、次期の期首の日付で「**前期繰越**（ぜんきくりこし）　×××（次期繰越と同じ金額）」と記入します[02]。これを開始記入といいます。

このように記入することで、**当期と次期の区別**をします[03]。

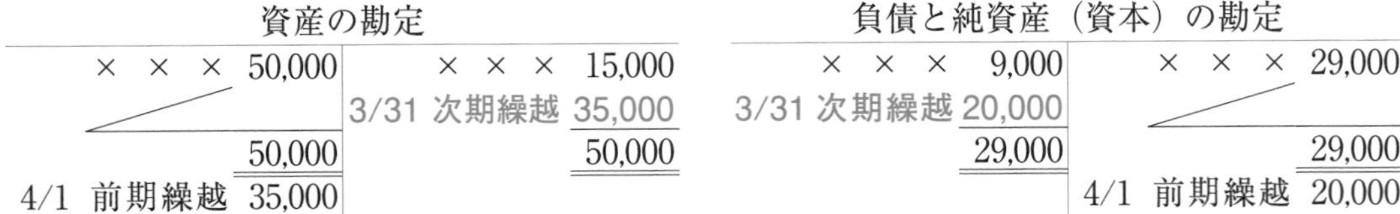

資産の勘定
×　×　×　50,000
50,000
4/1　前期繰越　35,000
×　×　×　15,000
3/31 次期繰越　35,000
50,000
負債と純資産（資本）の勘定
×　×　×　9,000
3/31 次期繰越　20,000
29,000
×　×　×　29,000
29,000
4/1　前期繰越　20,000

このように、次期繰越、前期繰越を用いて締め切る方法を**英米式決算法**といいます[04]。

01) 「次期繰越×××」は朱記（赤字で記入）します（朱記は貸借が逆に記入されていることを示しています）。ただし、試験では赤ペンの使用はできないため黒で記入します。

02) 「前期繰越×××」は黒字での記入です（資産なら借方というように、ホームポジション側に記入されています）。

03) 開始記入は決算日付で次期繰越の記入をした後、すぐに（翌日を待つことなく）期首の日付で前期繰越を記入します。

04) この他に大陸式決算法があります。（全経簿記では１級で学習します）

(3)繰越試算表の作成

英米式決算法によれば、資産・負債・純資産（資本）の諸勘定は各勘定の中で残高を繰越記入してしまうので、残高に誤りがあるか否か、または締切りに誤りがあるか否かを見つけることができません。そこで、これらを検証するために、**各勘定の残高**（次期繰越の金額）**を集計して作成する試算表を**（次期）繰越試算表**といいます**。

繰越試算表
X年3月31日　　(単位：円)

借方残高	勘定科目	貸方残高
65,000	現金	
186,000	当座預金	
350,000	売掛金	
	貸倒引当金	22,500
137,500	有価証券	
46,500	繰越商品	
300,000	土地	
	買掛金	242,500
	借入金	100,000
	資本金	600,000
	繰越利益剰余金	120,000
1,085,000		1,085,000

繰越試算表には、収益・費用の項目はありません。すでに決算振替仕訳が終了しているためです。

コラム

利益ってなに？

利益はどこから得たのか？　というと、市場からと考えるべきでしょう。

利益が出るということは「その会社が市場（労働市場などすべての市場を含む）に支払った額よりも、その会社が市場から得た額のほうが多かった」ということであり、逆に市場から見ると、多く払いすぎたのだから『コスト』ということになります。

つまり、市場が「この会社はよう頑張っとる、じゃ、ちょっとコストをかけてでも投資したろう」と、いってくれた分が利益なのです。

そして経営する側には、その利益をより良い形で市場に返して、喜んでもらい、さらなる投資を引き出す責任を負う、そういう形になっているように思います。

利益、それは市場からの投資。経営する者は、それを忘れてはならないように思います。

決算振替仕訳 **次の決算整理後残高試算表より、⑴決算振替仕訳を行い、⑵当期純利益を計算しなさい。**

決算整理後残高試算表　（単位：円）

借方科目	金額	貸方科目	金額
現金	655,000	買掛金	315,000
売掛金	630,000	未払家賃	35,000
繰越商品	91,200	貸倒引当金	12,600
前払保険料	3,000	資本金	3,261,000
貸付金	830,000	繰越利益剰余金	500,000
建物	2,100,000	売上	1,790,000
仕入	1,089,800	受取利息	72,200
支払家賃	317,000		
貸倒引当金繰入	8,800		
減価償却費	200,000		
保険料	5,000		
支払利息	56,000		
	5,985,800		5,985,800

⑴

	借方科目	金額		貸方科目	金額
（借）	売上	*1,790,000*	（貸）	損益	*1,862,200*
	受取利息	*72,200*			
（借）	損益	*1,676,600*	（貸）	仕入	*1,089,800*
				支払家賃	*317,000*
				貸倒引当金繰入	*8,800*
				減価償却費	*200,000*
				保険料	*5,000*
				支払利息	*56,000*
（借）	損益	*185,600*	（貸）	繰越利益剰余金	*185,600*

⑵

当期純利益	¥*185,600*

⑴決算振替仕訳には損益振替仕訳と資本振替仕訳があります。

⑵当期純利益（当期純損失）は損益勘定の貸借差額で計算されます。

Section 3 のまとめ

英米式決算法による帳簿締切りの手順

(1) 損益勘定の設定：決算で設けられる当期純利益（損失）を計算するための勘定
(2) 損益振替仕訳：損益勘定に収益と費用の勘定残高を振り替える仕訳処理
(3) 収益と費用の諸勘定の締切り
(4) 資本振替仕訳：当期純利益（損失）を繰越利益剰余金勘定に振り替える仕訳処理
(5) 資産・負債・純資産（資本）の諸勘定の締切り：繰越記入と開始記入
(6) 繰越試算表の作成：資産・負債・純資産（資本）の諸勘定の残高の検証

※ 損益振替仕訳と資本振替仕訳の２つを決算振替仕訳といいます。

索　引

■監修

新田 忠誓　商学博士（一橋大学）

一橋大学名誉教授

日本簿記学会顧問、一般社団法人　資格教育推進機構代表理事

1977年　一橋大学大学院商学研究科博士課程単位修得

神奈川大学経済学部、慶應義塾大学商学部、一橋大学商学部・商学研究科などを経て、

現在、一橋大学名誉教授

公認会計士・不動産鑑定士・税理士試験委員など歴任。

■編著

桑原 知之（ネットスクール株式会社）

■制作スタッフ

茨木美紀　藤巻健二　中嶋典子　石川祐子　吉永絢子　吉川史織

■本文・表紙デザイン

株式会社スマートゲート

本書の発行後に公表された法令等及び試験制度の改正情報、並びに判明した誤りに関する訂正情報については、弊社WEBサイト内の**『読者の方へ』**にてご案内しておりますので、ご確認下さい。

https://www.net-school.co.jp/

なお、万が一、誤りではないかと思われる箇所のうち、弊社WEBサイトにて掲載がないものにつきましては、**書名（ＩＳＢＮコード）と誤りと思われる内容**のほか、お客様の**お名前**及び**ご連絡先（電話番号）**を明記の上、弊社まで**郵送またはe-mail**にてお問い合わせ下さい。

＜郵送先＞　〒101 － 0054
東京都千代田区神田錦町３－23メットライフ神田錦町ビル３階
ネットスクール株式会社　正誤問い合わせ係

＜e-mail＞　seisaku@net-school.co.jp

※正誤に関するもの以外のご質問、本書に関係のないご質問にはお答えできません。
※**お電話によるお問い合わせはお受けできません。**ご了承下さい。
※回答及び内容確認のためにお電話を差し上げることがございますので、必ずご連絡先をお書きください。

全経　簿記能力検定試験　公式テキスト　３級商業簿記

2024年２月20日　初版　第１刷発行

監修者　新田忠誓
編著者　桑原知之
発行者　桑原知之
発行所　ネットスクール株式会社
出版本部
〒101-0054　東京都千代田区神田錦町3-23
電話　03（6823）6458（営業）
FAX　03（3294）9595
https://www.net-school.co.jp/
DTP制作　ネットスクール株式会社
印刷・製本　日経印刷株式会社

ISBN 978-4-7810-0358-0